BÄRBEL KÖRZDÖRFER

Mädchen auf Whats App

Weitere Titel der Autorin:

Jungs auf Skype

BÄRBEL KÖRZDÖRFER

Mädchen auf WhatsApp

one

Dieser Titel ist auch als E-Book erschienen.

Vollständige Neuauflage der beim Baumhaus Verlag 2016 erschienenen Paperbackausgabe

Copyright © 2023 by Bastei Lübbe AG, Schanzenstraße 6 – 20, 51063 Köln, Deutschland
Bei Fragen zur Produktsicherheit wenden Sie sich bitte an:
produktsicherheit@bastei-luebbe.de

Vervielfältigungen dieses Werkes für das Text- und Data-Mining bleiben vorbehalten. Die Verwendung des Werkes oder Teilen davon zum Training künstlicher Intelligenz-Technologien oder -Systeme ist untersagt.

Umschlaggestaltung: Kristin Pang, Köln
Einband-/Umschlagmotiv: © verwickelt / shutterstock.com; pingebat / AdobeStock; pingebat / AdobeStock; Onabi / AdobeStock; 4zevar / AdobeStock; Caelestiss / AdobeStock; KOZYR DMYTRO / shutterstock.com; Drawlab19 / shutterstock.com
Satz: Lina Moormann, Köln
Gesetzt aus der Myriad Pro
Druck und Einband: GGP Media GmbH, Pößneck
Printed in Germany

ISBN 978-3-8466-0177-8

5   4   3

Sie finden uns im Internet unter: one-verlag.de
Bitte beachten Sie auch luebbe.de

Die Bastei Lübbe AG verfolgt eine nachhaltige Buchproduktion. Wir verwenden Papiere aus nachhaltiger Forstwirtschaft und verzichten darauf, Bücher einzeln in Folie zu verpacken. Wir stellen unsere Bücher in Deutschland und Europa (EU) her und arbeiten mit den Druckereien kontinuierlich an einer positiven Ökobilanz.

Die Protagonistinnen

MANOU

MARIE-LIN

Manou Elisabeth von Berghain (14)

Wie ich so bin? Schwierig! Was soll ich sagen: Ich bin eigentlich ziemlich normal. So glücklich normal. Ich habe einen Adelstitel, aber ich scheiß drauf. Stolz bin ich eher auf mein kleines Tattoo, das ich mir heimlich auf dem Kiez hab stechen lassen – ein kleiner Schmetterling auf meiner rechten Pobacke. Es ist mein Geheimnis – meine Eltern würden durchdrehen, wenn sie es wüssten. Papi hat vor Jahren mal gesagt: Wer sich tätowieren oder piercen lässt, wird enterbt. Deshalb ist es ja besonders witzig. In den Sommerferien in St. Tropez muss ich immer aufpassen, dass meine Bikinihose nicht verrutscht.

Meine Mutter arbeitet dreimal in der Woche bei einem Goldschmied. Einer dieser angesagten Läden in unserer Stadt. Ihr Chef hat sogar schon Schmuck für Madonna und Pavarotti gemacht.

Mein Papi ist Unternehmensberater – er fliegt dauernd umher, um irgendwelche Firmenbosse zu treffen. Sein Büro ist in der Hafencity – doller Blick über die Elbe. Seine Sekretärin ist aus Ghana. Papi ist eben, wie Papis so sind – in der Woche meistens nicht da, und am Wochenende will er seine Ruhe oder mit seinem Boot über die Elbe fahren. Kino & Sport sind nicht so sein Ding.

Wir wohnen in Harvestehude – einer dieser super Stadtteile von Hamburg, in denen besonders viele nutzlose Range Rover herumstehen. Aber ich mag es hier. Wir – also meine Eltern, mein Bruder und ich – haben ein ganzes Haus mit drei Etagen für uns alleine. Es ist eins dieser weißen Häuser, die in kleinen, geharkten Gärten mit runden Buchsbaumkugeln stehen.

Einmal in der Woche kommt Luisa und macht alles sauber bei uns. An diesen Morgen schreit Mami immer: »Zimmer aufräumen! Dafür ist nicht Luisa zuständig.« Mein unaufgeräumtes Zimmer, meine Mutter und ich, das ist keine gute Kombination – aus meiner Sicht jedenfalls! Aber am Ende macht es dann doch immer Luisa.

Marie-Lin ist für mich so etwas wie mein eigener Atem – und ohne Atem kann man ja bekanntlich nicht leben. Marie-Lin ist meine beste Freundin seit dem Kindergarten.

Ansonsten: Ich schlaf unheimlich gerne. Man könnte sagen: Ausschlafen ist so eine Art Hobby von mir. Ich spiele ziemlich gut Hockey. Und ich liebe Nagellack in den wildesten Farben.

Und noch etwas: Ich hätte gerne so eine richtig coole Beziehung. Ich bin in Jens verliebt, aber es klappt nicht. Wir kennen uns vielleicht schon zu lange – also, es ist seit Längerem immer so ein Hin und Her. Wenn er will, will ich nicht. Und wenn ich will, will er nicht. Mühsam. Echt! Es ist wie mit Pickeln, die kommen auch immer, wenn man sie nun wirklich gar nicht braucht. Ich stehe irgendwie auf kernige Jungs. Völlig bescheuert, aber ich mag zum Beispiel, wenn sie eine Bierflasche mit dem Feuerzeug aufmachen können. Jens kann das.

Marie-Lin Steinkraus (15)

Wie ich mich finde? Ich find mich eigentlich ein bisschen zu dünn. Ich wäre auch gerne ein bisschen größer, aber es ist okay. Dafür habe ich tierisch gute Haare, so richtig dicke, volle, schwarze. Ich glaube, ich bin schüchtern, jedenfalls wenn viele Menschen zusammen rumstehen. Ich würde niemals auf die Idee kommen, Klassensprecherin werden zu wollen.

Meine Mutter ist in den USA geboren, aber ihre Familie stammt aus Hongkong. Sie hat an der Harvard Law School studiert, bis sie meinen Vater in einer New Yorker Kanzlei kennengelernt hat. Sie ist mit ihm nach Deutschland gegangen, hat ihn hier geheiratet. Papi stammt aus Bayern und ist eigentlich auch Jurist, arbeitet aber inzwischen für eine große Immobilienfirma am Hafen.

Ich weiß nicht, ob meine Eltern noch verliebt sind. Ich weiß überhaupt nicht, wie es ist, wenn man alt und verliebt ist – geht das dann überhaupt noch? Jedenfalls möchte ich, wenn ich alt bin, anders verliebt sein als meine Eltern.

Mein Vater ist viel auf Dienstreisen, er entwickelt irgendwelche Immobilienprojekte. Meine Mutter arbeitet bei der chinesischen Botschaft. Ich glaube, sie ist immer noch sauer auf sich, weil sie – als ich klein war – nicht chinesisch mit mir gesprochen hat. Inzwischen lernen Hamburger Kinder Chinesisch, und ich – mit einer chinesischen Mutter – kann's nicht. Mir ist es ziemlich egal, ich werde eh nie in China leben. Ich war einmal in Hongkong – über sieben Millionen Menschen auf 1000 Quadratkilometern, ich fand es schrecklich – zu viele auf einem Haufen!

Was Mami bei Chinesisch verpasst hat, will sie beim Klavierspielen wiedergutmachen. Ich spiele seit meinem vierten Lebensjahr jeden Tag mindestens zwei Stunden Klavier – ich glaub, ich kann's ganz gut. Ich habe dieses Jahr den „Steinway"-Preis in der Lœiszhalle gewonnen. Bei „Young Talents in Concert" bin ich dabei. Und bei „Pianos an der Elbe" im Recall.

Sport ist nicht so mein Ding. Ich weiß auch nicht, wie lange es dauern wird, bis meine Jogginghose begreift, dass sie niemals joggen wird! Ich hab mal Fechten versucht, aber das war nix.

Wir (also meine Eltern und ich) wohnen in Eimsbüttel. Ganz nett, 3. Etage, kein Fahrstuhl, Altbau. Mein Zimmer ist cool, alles pink. Total pink. Sogar mein Bett. Meine Mutter findet es furchtbar, aber ich steh drauf!

Einen festen Freund hatte ich noch nie. Ich bin nicht oft auf Partys, auf dem Schulhof stehe ich manchmal sogar alleine rum. Die Jungs in meiner Klasse sind mir irgendwie zu blöd, zu kindisch.

Mein Problem ist, dass ich manchmal ein bisschen von mir enttäuscht bin. Ich wäre gerne mehr. Ich meine, niemand ist gegen mich, aber niemand ist auch so richtig für mich. Nur Manou, die schon. Manou ist meine beste Freundin.

» Marie-Lin
Ich sehne mich so sehr nach Wahrheit. Ich will, dass das Unausgesprochene ausgesprochen wird.
Ich fühl mich so leer. 😡

» Manou
Was ist los mit dir? Du bist mir heute in der Pause aus dem Weg gegangen. Was ist los? Hey, sag's mir! Endlich! Los!

» Marie-Lin
Ich weiß es selber nicht! Alles scheint so unerreichbar! Ich will das Leben spüren. Ich sehe es in der Ferne, aber ich kann es nicht erreichen. So müssen sich die Männer von der Stadtreinigung fühlen – die immer kommen, wenn alles vorbei ist. Wenn die Party gelaufen ist.

» Manou
Sag mal, spinnst du? Alle beneiden dich.
Du bist perfekt und meckerst rum? Was soll das?

» Marie-Lin
Ich habe es satt, perfekt zu sein. Das ist es! Genau das: Ich habe es einfach satt, perfekt zu sein. Ich will raus aus dieser beschissenen perfekten Welt.

» Manou
Ist es wegen Daniel?

» Marie-Lin
Nein! Daniel hat gar nichts damit zu tun. Ich mag ihn, aber ich mag auch Nutella und Toast. Du weißt genau, dass ich mich niemals in Daniel verlieben könnte.

» Manou
Ok!

» Marie-Lin
Ok? Nichts ist ok! Ich möchte einfach nur glücklich sein, so wie andere auch. Aber ich schaffe es nicht. Ich fühle mich, als stecke mein ganzer Körper in Treibsand. Ich stecke bis zum Hals darin und gehe langsam unter.

» Manou
Wir müssen uns treffen!
In unserem Café an der Alster?
15 Uhr?

» Marie-Lin
Ja. Ich hätte Lust. 15 Uhr ist ok.

» Manou
Marie-Lin, wo bist du? Bin schon da. Ich warte.

» Manou
Hey, wo steckst du?

» Manou
Geh mal an dein Telefon! Das nervt jetzt echt.
Wir hatten 15 Uhr gesagt. Jetzt ist es fast 16 Uhr.

> **» Manou**
> Ich warte noch 5 Minuten. Dann gehe ich.

> **» Manou**
> Ich muss los. Schade. Was ist bloß mit dir los?

> **» Marie-Lin**
> Weißt du, dass ich dir Dinge schreiben kann, die ich dir niemals sagen könnte?

> **» Manou**
> Bist du deshalb nicht ins Café gekommen?

> **» Marie-Lin**
> Nein. Nein. Sie hat mich nicht weggelassen.

> **» Manou**
> Sie?

> **» Marie-Lin**
> Meine Mutter!

> **» Marie-Lin**
> Glaubst du, dass unsere Eltern überhaupt eine winzige Ahnung davon haben, wie wir ticken?

> **» Manou**
> Klares NEIN!!! Aber was soll diese Frage?

> » **Marie-Lin**
> Es reicht! Ich kann nicht mehr! Ich musste heute nach der Schule 3 Stunden Klavier spielen, und meine Mutter ist immer noch nicht zufrieden. Ich wollte wirklich ins Café kommen! 😠

> » **Manou**
> Mann, Marie-Lin, das geht nicht! Du musst mit deinem Vater reden. Deine Mutter hat sie nicht alle! 🙁

> » **Marie-Lin**
> Er ist nicht da. Dienstreise.

> » **Manou**
> Wann kommt er wieder?

> » **Marie-Lin**
> In einer Woche.

> » **Manou**
> Komm doch zu uns, du kannst hier schlafen.

> » **Marie-Lin**
> Das erlaubt sie niemals!

> » **Manou**
> Du bist nicht ihr Eigentum. Komm! Heute! Ich muss gleich zum Hockey. Bin um sechs wieder da. Ich hol die Matratze aus dem Keller. Ok?

> **» Marie-Lin**
> Mann, begreif's endlich: Sie will es nicht. Sie erlaubt nicht, dass ich woanders schlafe! Deine Eltern glauben vielleicht an Freiheit. Meine nicht.

> **» Manou**
> Versuch es doch wenigstens mal!

> **» Marie-Lin**
> Du checkst das einfach nicht.

> **» Manou**
> Ich bin mir übrigens sicher, dass deine Mutter überhaupt gar keine Ahnung hat, wie du tickst. Sie glaubt immer noch, du seist das kleine brave Mädchen, in dessen Poesiealbum kleine Freundinnen Blümchen malen. Dass Daniel dir wilde, coole Liebesbriefe zusteckt, schnallt die gar nicht.

> **» Marie-Lin**
> Das darf sie auch nicht erfahren. Klar?

> **» Manou**
> Klar! Superklar!

★ ★ ★

> **» Manou**
> Marie-Lin!
> Hast du mit deiner Mutter gesprochen?
> Kommst du?

> **Manou**
> Hey! Melde dich!

> **Manou**
> Es ist schon sieben. Was ist los?

> **Manou**
> Ich dreh ab mit dir! Melde dich endlich!

 **Manou**
21.00 UHR

WER VON EUCH HAT MARIE-LIN STEINKRAUS GESEHEN? SIE IST VOR 2 STUNDEN VON ZU HAUSE ABGEHAUEN. IHRE MUTTER SUCHT SIE!

 Gefällt mir   Kommentieren   Teilen

 Jens Was heißt abgehauen? Woher weißt du das?
Gefällt mir • Antworten • um 21:03 Uhr

 Manou Ihre Mutter hat bei mir angerufen. Sie haben sich gestritten. Megastress.
Gefällt mir • Antworten • um 21:07 Uhr

 Manou AN ALLE FREUNDE VON MARIE-LIN. WIR MÜSSEN SIE SUCHEN. GEMEINSAM! TREFFEN: SPIELPLATZ OBERSTRASSE. EURE MANOU!
Gefällt mir • Antworten • um 22:02 Uhr

Manou Entwarnung!
Sie ist wieder da!
Sorgen einstellen!
Danke für eure Hilfe.
Ihr seid echt klasse!
Alles auf reset!
Gute Nacht, Leute!
Eure Manou!

Gefällt mir • Antworten • um 00:12 Uhr

» **Manou**
Es tut mir so leid. Wir müssen etwas unternehmen. So dürfen deine Eltern dich nie mehr behandeln. Nie wieder! 👊

» **Marie-Lin**
Schon ok.

» **Manou**
Schon ok? Nix ist ok! Deine Mutter ist ein Tyrann! Eine chinesische Tiger-Mom! 🐯

» **Marie-Lin**
Du verstehst das nicht. Deine Eltern sind ganz anders unterwegs. Ich hätte auch nicht abhauen sollen. Meine Mutter hat echt geweint. Gezittert. 🙁 Zum ersten Mal in meinem Leben habe ich sie weinen sehen. Irgendwie komisch. Ich war ganz cool & sie war fertig. Sonst ist es immer umgekehrt … zum ersten Mal war ich stärker als sie. Allein dafür hat es sich gelohnt. 😐

» **Manou**

Hast du sie noch alle? 😟 Sie trimmt dich von morgens bis abends, und jetzt tut sie dir auch noch leid? Wach auf, Marie-Lin! Wach endlich auf! Hey, du lebst wie in einer Kaserne oder so. Aye, aye, Sir! Du bist nicht ihr Soldat, sondern ihre Tochter!

» **Marie-Lin**

Was soll ich denn tun? Wieder abhauen? Geht nicht! Sie würde mir gar nichts mehr erlauben. Sie sagt, ich muss besser sein als alle anderen. Bessere Noten, besser Klavier spielen, besseres Benehmen …

» **Manou**

Wenn ich das Wort „Benehmen" schon höre, könnte ich kotzen.

» **Marie-Lin**

Mach doch. Bringt mich aber nicht weiter.

» **Manou**

Du wirst eines Tages verbittert vor einem Grab stehen, auf dem der Name deiner Mutter steht, und dann wirst du kotzen, weil du dich nicht mit ihr ausgesprochen hast. Weil du nicht den Mut dazu hattest, weil du immer nur brav warst – brav wie eine kleine chinesische Barbie.

» **Marie-Lin**

Ich kann nicht. Du verstehst das nicht.

» **Manou**

Nein, ich verstehe das nicht? Erklär es mir!

» **Marie-Lin**

„Wohlstand überdauert keine drei Generationen", das ist eine alte chinesische Weisheit. Meine Großeltern sind ohne auch nur einen Cent in die USA geflohen. Sie haben in einem kleinen Lebensmittelladen in New York geschuftet. Sie waren so sparsam, dass sie noch nicht mal Mineralwasser kauften, sondern immer nur Leitungswasser tranken.

Die nächste Generation ist die meiner Mutter. Sie durfte als Allererste in der Familie überhaupt auf die Uni gehen und studieren. Sie hat ihr Jurastudium in kürzester Zeit durchgezogen und mit der dritthöchsten Punktzahl abgeschlossen. Wenn sie fertig war mit Lernen, hat sie Klavier gespielt. Sie war erst 24, als Kurt Masur ihr das Angebot machte, bei den New Yorker Philharmonikern mitzuspielen. Sie muss unglaublich gewesen sein. Zwei Jahre später wurde ich geboren. Ich weiß nicht, was, aber irgendetwas ist danach passiert. Sie spricht nicht darüber. Nicht ein einziges Wort. Sie hat nach meiner Geburt nie wieder Klavier gespielt. Nie wieder. Verstehst du?

» **Manou**

Nein! Das verstehe ich nicht. Und wer ist bitte schön Kurt Masur? Und: Was ist passiert?

» **Marie-Lin**

Kurt Masur war einer der genialsten deutschen Dirigenten. Er war 11 Jahre lang Chefdirigent der New Yorker Philharmoniker.

» **Manou**

Aber was ist damals passiert?

» **Marie-Lin**
Ich sage dir doch: Sie hat seitdem nie wieder gespielt, und sie spricht nicht darüber. Sie will es nicht. Es schwebt wie ein Schatten über uns beiden. Nur wenn ich spiele, verschwindet diese Traurigkeit in ihr. Ich glaube, nur dann vergisst sie, was damals geschehen ist.

» **Manou**
Ich verstehe euch nicht. Ihr müsst reden. Ich würde meine Mutter so lange löchern, bis sie mir alles erzählt, was damals passiert ist.

» **Marie-Lin**
Ich habe es doch versucht. Wir haben zusammen geweint. Aber sie hat gesagt: Sie möchte nicht darüber sprechen! Noch nicht. Vielleicht irgendwann mal. Vielleicht.

» **Manou**
Das tut mir soooo leid.

» **Marie-Lin**
Das braucht es nicht. Du kannst ja nichts dafür.

» **Manou**
Und du auch nicht!

» **Marie-Lin**
Das weiß ich nicht. Vielleicht ja doch?

» **Manou**
So ein Blödsinn. Rede dir nicht so einen Quatsch ein. Wie kann ein Baby für etwas verantwortlich sein?

» **Marie-Lin**
Ich weiß es nicht.

» **Marie-Lin**
Außerdem bin ich todmüde jetzt. 😒 Gute Nacht!
Ich will nicht mehr darüber reden!

» **Manou**
Das scheint System bei euch zu sein: NICHT DARÜBER REDEN!

» **Marie-Lin**
Spinnst du?

» **Manou**
Sorry! Hast ja recht, es ist schon halb 3.
Bis morgen in der Schule.

» **Manou**
Ich hol dich ab. 7:30 bei dir.

» **Marie-Lin**
Klingel lieber nicht. Ich komm raus.

» **Manou**
Hast du Angst, dass ich sie frage, was damals passiert ist?

» **Marie-Lin**
Wehe! Du musst mir versprechen, dass sie niemals erfährt,
dass ich es dir überhaupt erzählt habe!

> **» Manou**
> Ja, ja, schon klar. Echt! Für wie blöde hältst du mich?
> Ich bin deine beste Freundin! Ok? Ich warte unten!

> **» Marie-Lin**
> Alles klar. Schlaf gut!

> **» Marie-Lin**
> Halt!
> Frage zur Nacht: Was hat dich wirklich glücklich gemacht im Leben? 3 Beispiele!

> **» Manou**
> Dass ich Deutscher Hockeymeister geworden bin!
> Der erste Kinoabend mit Jens!
> Dass es noch so einen bescheuerten Menschen auf der Welt gibt, wie mich! DICH!!! Meine beste Freundin!

> **» Marie-Lin**
> Geht's noch? Ich komm erst auf Platz 3 !!!!

> **» Manou**
> Du kommst schon auf Platz 3! Gute Nacht!

> **» Marie-Lin**
> LIEBE!

> **» Manou**
> LIEBE!

» **Manou**
Die trägt ihr Hirn echt im Busen.
Das gibt es doch nicht. Die blöde Kuh!

» **Marie-Lin**
Wer ist die blöde ?

» **Manou**
Na, wer wohl? Hanna. Die merkt nichts.
Aber auch gar nichts!

» **Marie-Lin**
Spuck's aus! Was war los?

» **Manou**
Hanna hat Jens in Mathe einen Brief zugesteckt.

» **Marie-Lin**
Was stand drin?

» **Manou**
Weiß ich nicht.

» **Marie-Lin**
Wo ist dann das Problem?

» **Manou**
Hanna ist verknallt in Jens. Sie will ihn. Sie mobbt mich voll. Macht mich schlecht bei Jens. Sie quatscht Müll über mich.

» **Marie-Lin**
Woher weißt du das? Was für Müll?

» **Manou**
Ich weiß es eben. Außerdem ist Jens voll anders seit 2 Wochen.
Und er trägt nicht mehr mein Freundschaftsband.
Er hat sein WhatsApp-Foto, auf dem man noch meine Hand auf
seiner Schulter sieht, geändert. Es war so süß von ihm …
meine Hand als geheimes Zeichen zwischen uns.
Und jetzt hat er es gelöscht.

» **Marie-Lin**
Ach komm! Du änderst dein Foto jeden Tag.
Hast mich übrigens auch gegen Kim ausgetauscht.

» **Manou**
Wein doch!

» **Marie-Lin**
Mach ich auch.
Aber was ist jetzt mit Jens und Hanna?
Hanna ist eine Zicke.
Sie nervt wirklich jeden.
Ich kann mir nicht vorstellen, dass Jens auf sie steht.

» **Manou**
Hilfst du mir? Ich muss etwas unternehmen.

» **Marie-Lin**
Sag mir, was du vorhast. Ich bin dabei.

» **Manou**
Danke!

★ ★ ★

» **Manou**
Ich hasse mich. Ich wollte das nicht.

» **Marie-Lin**
Hmmmmm?????

» **Manou**
Ich sage Sachen, die ich nicht sagen will …

» **Manou**
Ich vermisse ihn so sehr. Es ist, als hätte Jens den Schlüssel zu meinem Herz. Wenn ich mit ihm zusammen bin, bin ich sanft. Ich mag mich dann. Aber jetzt ist alles anders. So als würde meine eigene Faust mir ständig in den Magen boxen. Ich bin echt scheiße.

» **Marie-Lin**
Was hast du gemacht???

» **Manou**
Ich habe eine Dose Cola in ihre Schultasche gekippt. Und habe sie laut eine aufgetakelte Barbie genannt.

» **Marie-Lin**
Cool! Sie hat es verdient.

» Manou
Sie wird mir Jens wegnehmen. Ich spüre es.

» Marie-Lin
Was ist mit Jens? Was sagt er dazu?

» Manou
Das ist es ja. Er sagt nix. Und ich kann nicht aufhören, an ihn zu denken. Mein beschissenes Gehirn quatscht mir dauernd dazwischen. Egal was ich mache, es schreit immer und immer wieder seinen Namen. Meine Finger schreiben wie ferngesteuert seinen Namen, egal auf welchem Zettel gerade Platz ist.

» Manou
Versteh doch! Jens ist mein erster Freund. Wir waren 13, als wir uns das erste Mal geküsst haben. Vor 3 Wochen habe ich ihm auf der Party von Rafael noch „Ich liebe dich" ins Ohr geflüstert.

» Manou
Und: Ich bin immer noch verliebt. Glaub mir.

» Manou
Die Sache mit Hanna ist so was von daneben. Ich hab ihm vertraut. Alles, was er gesagt hat, habe ich ihm geglaubt.
Von wegen er mag mich und so. Idiot! Er hat mir mein ICH geklaut.

» Marie-Lin
Aber woher willst du wissen, dass er jetzt mit Hanna zusammen ist?

» Manou
Er hat ihr Foto als Bildschirmschoner auf seinem Handy. Ich hab's gesehen. 🙁

» Marie-Lin
Oh nein! Bitte nicht!!! Hanna ist schrecklich. Man kann sich nicht in einen Menschen verlieben, den man nicht mag. Niemand mag Hanna. Das kann nicht sein Ernst sein! 😣

» Manou
Ist es aber. Ich hab sie beim Knutschen erwischt, nach der 6. Stunde gegenüber auf dem Parkplatz!

» Marie-Lin
Wobei hast du sie erwischt??

» Manou
Beim Knutschen … mit Zunge!! Hätte ich ihm nur nie gesagt, dass ich ihn liebe. Es ist so peinlich. Es tut so weh. 💔

» Marie-Lin
Dann lass es wehtun. Liebeskummer schiebt man nicht einfach weg. Du musst ihn dir reinziehen. So richtig … das ist cool!

» Manou
Bitte?

» Marie-Lin
Ja! Leg eure Lieblingsmusik auf, immer im Wechsel mit so richtig traurigen Songs, häng ein Foto von ihm auf, dazu ne Tüte fiese Chips, ne Riesentafel Schokolade und Cola, ganz viel Cola.
Du selbst schlüpfst in deine älteste Jogginghose, und dann ziehst du dir deinen Schmerz voll rein!
Nenn es Therapie, und dann streich Jens von deiner Emo-Liste!

Ich sag dir, nach ein paar Stunden geht's dir echt besser.

» **Manou**
Hat es bei dir geholfen?

» **Marie-Lin**
Nö!!! Aber ich arbeite immer noch dran!
Meinen Liebeskummer kann man nicht heilen.

» **Manou**
DANKE für diesen erfolgversprechenden Tipp! Gut, dass ich DICH habe! Aber warum funktioniert es bei dir nicht? Und um wen geht es, verdammt noch mal? Seit 3 Monaten schiebst du eine tonnenschwere Depri-Kugel vor dir her. Alle Typen stehen auf dich, du könntest dir die Coolsten wie von einem schicken Buffet picken, nach dem Motto: All you can eat. Aber du bist verliebt in eine Art unsichtbaren Geist. Du musst mir endlich sagen, wer es ist!!!!! 👽

» **Marie-Lin**
Bitte! Nein! Ich kann es dir nicht sagen.

» **Manou**
Warum nicht? Ich fahre meine Gefühle mit der Schubkarre zu dir, und du schaffst es seit 3 Monaten nicht,
mir auch nur einen klitzekleinen Namen zu sagen?

» **Marie-Lin**
Hör auf zu nerven.
Ich habe dir gesagt, dass ich es dir nicht sagen kann!

» **Manou**
Du kannst es nicht. Deine Mutter und du, ihr scheint beide einen „Sprachfehler" zu haben. Ich kann es nicht sagen – ich kann diesen Satz nicht mehr hören!

> **» Marie-Lin**
> Ich bin deine Freundin. Akzeptiere es bitte. Ich kann nicht.

> **» Manou**
> Ok, ok. Wann beginnt dein Konzert morgen?

> **» Marie-Lin**
> 18 Uhr. Vergiss nicht: Die Jogginghose muss bis dahin wieder aus sein. Und ich will dich lachen sehen! Klar? 🙂

> **» Manou**
> Klar, Schatzi. Für dich verstelle ich mich gerne!

> **» Manou**
> Frage: Nenn mir eine Szene aus deinem Leben, die dir richtig fett peinlich war! Die Zeit läuft!

> **» Marie-Lin**
> Auf dem Schulhof hat mich Rebecca aus der 11. Klasse neulich gefragt, wie ich verhüte. Und ich habe gesagt: „Och, mal so, mal so!" Alle haben sich totgelacht!

> **» Manou**
> LIEBE! ❤

> **» Marie-Lin**
> LIEBE! ❤

» **Manou**
Hast du gesehen, wie deine Mutter sich umschaut, wenn du spielst? Du spielst nicht für sie. Nicht für ihr Herz. Du spielst für die Augen der anderen. Für die Idee vom Wunderkind in ihrem Kopf. Sie sieht nicht dich. Nein! Sie liest nur in den neidischen Gedanken der anderen Mütter. Dafür klatscht sie. Du bist nur der Preis, den sie dafür zahlt!

» **Marie-Lin**
Wie kannst du so denken?

» **Manou**
Ich denke nicht, ich sehe es. Ich habe es bei deinem Konzert eben gesehen. 👀 Und ich bin deine Freundin. Und Freunde sollten niemals ihre Klappe halten, wenn sie es ernst meinen. 👭

» **Marie-Lin**
Ich will das nicht lesen.
Du hast kein Recht, so über meine Mutter zu sprechen.

» **Manou**
Ich bin deine beste Freundin, deshalb darf ich das!
Und du weißt auch, dass ich recht habe. Außerdem kenne ich meine Gedanken, wenn du spielst, und die gehen etwa so: Fuck! Fuck! Fuck! Warum bin ich zu blöd, um so spielen zu können?
Marie-Lin, du bist echt groß! 👏

» **Marie-Lin**
DANKE! Hat sich das Üben ja doch gelohnt.

» **Manou**
HALLO! Hat hier jemand was falsch verstanden????

> **Marie-Lin**
Sorgen sind so, als würden sie leben. Als wären sie ein fieser Einbrecher in deinem Körper. Sie fallen über dich her. Nehmen alles von dir, was du gernhast. Aber irgendwann stumpfst du ab. Du weißt, die Sorge wohnt eben in dir. Die Sorge, die Sache an sich, bleibt, wie sie ist, aber du gewöhnst dich daran. Es tut nicht mehr weh. Nein, es tut nicht mehr weh!

> **Manou**
Was redest du?

> **Marie-Lin**
Ok! Ein zweites Mal für Deppen: Man gewöhnt sich an alles. Ich habe mich an 3 Stunden Klavier gewöhnt, an die Meckerei von meiner Mutter, an ihren kalten Blick, wenn ich mich verspielt habe oder eine 3 nach Hause bringe.

> **Manou**
Scheiße! Totale Scheiße! Deine Mutter hat dir ins Gehirn geschissen. Hey, sie ist der Einbrecher in dein Leben. Sie klaut dir dein Leben!

> **Marie-Lin**
Manou! Ich weiß, dass du mich nicht verstehst. Lass es!

> **Manou**
Ich verstehe dich nicht? Mein zweiter Vorname ist SENSIBEL! Was für Sorgen? Sag schon!

> **Marie-Lin**
Ich sag es dir irgendwann, jetzt nicht.
Ich kann es niemandem sagen.
Auch dir nicht. Sorry.

> **» Manou**
> Ok, später vielleicht. Ich kann warten.

> **» Manou**
> Heute Abend. Nach dem Kino!

> **» Marie-Lin**
> Ich habe die Karten für den neuen Schweighöfer-Film „Der geilste Tag" schon gekauft. 19:45 am Popcorn-Stand.

> **» Manou**
> Ich bin da!

> **» Manou**
> Schweighöfer ist Kult!

> **» Marie-Lin**
>

> **» Manou**
> Geil!!

> **» Marie-Lin**
> Wieso?

> **» Manou**
> Weil er tut, was er tun muss! Und das tut er gut!

> **» Marie-Lin**
>

» Manou
Er ist genial! Der beste „Bett-Kopf-Mann" Deutschlands!

» Marie-Lin
Wie bitte? Was?

» Manou
Ich meine, er ist echt. Er ist, was er sein will, und nicht, was andere wollen, was er sein sollte.

» Marie-Lin
Häääää...?

» Marie-Lin
Achtung! Hier spricht „Käpt'n Durchgeknallt": Wir sinken!

» Manou
Wenn Matthias lacht, dann ....!

» Marie-Lin
Was dann? Bett-Kopf-Mann? So was Bescheuertes habe ich ja noch nie gelesen! Hast du sie noch alle?

» Manou
Egal! Is aber so! Ich finde der ganze Typ ist „Special-Effect"!

» Marie-Lin
„Kopf-Kino" hat ab sofort eine ganz neue Bedeutung für mich. 🎥

» Manou
Bitch!

> » **Marie-Lin**
> LIEBE! ♥

> » **Manou**
> LIEBE! ♥

★ ★ ★

> » **Manou**
> Ich fand das so mies heute in der Klasse! Ihr habt mich alle voll hängen lassen bei der alten Mrs Duffy. Ich hasse sie!

> » **Marie-Lin**
> Komm, die merkt doch sowieso nix. Die Hälfte der Klasse chattet unterm Tisch, wenn sie Unterricht macht.

> » **Manou**
> Ja, aber ich musste heute an die Tafel. Mich hat sie mit dem Handy erwischt. Und keiner von euch – niemand – hat mir geholfen! Echt fies! Mies! Jetzt kann ich eine Woche lang den beschissenen Schulgarten harken. 😫

> » **Marie-Lin**
> Was hätten wir denn machen sollen?

> » **Manou**
> Ihr hättet etwas sagen können. Ihr hättet zu mir stehen können, aber stattdessen haben sich die meisten bei der blöden  noch voll eingeschleimt. Ich konnte die Grammatik nun mal nicht, und Elisabeth, Melly und Paul melden sich natürlich und wissen wieder alles. Dadurch sah ich noch beknackter aus.

» Marie-Lin
Was kann ich dafür?

» Manou
Melly sitzt neben dir. Du hättest ihr sagen müssen, dass man sich in so einer Situation nicht meldet.

» Marie-Lin
Sie ist eine Streberin. Sie liebt solche Situationen. Sie liebt es, andere als Volltrottel hinzustellen.

» Manou
Ja! DANKE! Ist ihr gelungen!

Ich verstehe nicht, warum wir nicht alle zusammenhalten können. Aber nein, jetzt bin ich mal wieder der Idiot bei der alten Mrs Duffy.

» Marie-Lin
Komm, die meisten von uns halten doch zusammen. Aber es wird immer ein paar fiese Streber geben, die sich auf Kosten der Klassengemeinschaft profilieren wollen.

» Manou
Ich hasse Melly! 💪

» Marie-Lin
Aber bitte sag es ihr nicht! Sonst stellt sie beim Klassenchat ihre Hausaufgabenlösungen nicht mehr rein. Und das wäre nun echt ein herber Verlust für uns alle! Keine macht so ordentlich Englisch, Geschichte und Physik wie die gute alte Melly!

> » Manou
Stimmt. Das wäre ein echter Verlust für die Klassengemeinschaft.
Ok – ich werde die Klappe halten! Im Sinne der Klassengemeinschaft!

> » Marie-Lin
DANKE! Ich weiß: Klappe halten ist nicht gerade deine Kernkompetenz! Also: großes Danke!

> » Manou
Dafür hilfst du mir beim Schulgarten! Ok?

> » Marie-Lin
Ok!

> » Manou
Frage: Die 3 größten Peinlichkeiten von Eltern?

> » Marie-Lin
Zu viel Alkohol trinken!
Betrunkene Eltern sind voll daneben!
Im Auto vor meinen Freunden mitsingen! (grrrrr!)
Sich zum Elternsprecher wählen lassen (Mega-Spießer)!

> » Manou
Elternsprecher ist bei uns ein absolutes No-Go!
Das weiß Mami!

> » Manou
Und ich muss los zum Hockey. Tschüss!

» Manou
Hast du gehört, was auf der Skireise der 9b in Bayern passiert ist?

» Marie-Lin
Nee! Was?

» Manou
Na, du kennst doch Patrick, diesen heißen Mathestudenten, der bei uns in der Schule die Bibliothek betreut und nachmittags einen Mathekreis leitet. Er hat die 9b auf der Skireise begleitet. Und am letzten Tag der Reise ist er wohl irgendwie von der Piste abgekommen. Er ist 8 Meter abgestürzt, direkt auf einen abgesägten Baumstamm gefallen. Jetzt liegt er in einer Klinik in Bayern. Ganz schlimm.

» Marie-Lin
Nein!

» Manou
Doch! Alex hat es mit erzählt. Er war dabei!

» Manou
Echt gruselig. Patrick ist wirklich heiß! Oder er war es!

» Marie-Lin
Wieso war?? Er stirbt doch nicht? Oder?

» Manou
Keine Ahnung! 8 Meter! Schlimm!

» Marie-Lin
Um Himmels willen! Bitte nicht! Das darf nicht passieren!

» **Manou**
Nein, das wird schon nicht passieren.

» **Marie-Lin**
Kannst du Alex mal fragen, in welche Klinik in Bayern Patrick eingeliefert wurde?

» **Manou**
Welche Klinik? Was soll das?
Willst du jetzt Patrick einen Brief schreiben?
Gute Besserung, lieber Herr Student …

» **Marie-Lin**
Das verstehst du nicht. Aber ich muss wissen, in welcher Klinik Patrick liegt.

» **Manou**
Nee, ehrlich, das verstehe ich nun wirklich nicht.
Der Typ macht die Bibliothek – und auch wenn du dir ein paarmal ein Buch bei ihm ausgeliehen hast, kennt er sicher noch nicht mal deinen Namen. Und jetzt willst du ihm schreiben?

» **Marie-Lin**
Bitte tu es für mich. Bitte frag Alex nach der Klinik.

» **Manou**
Na gut, wird erledigt. Bis später.

> **» Manou**
> Oh Mann, warum kann ich nicht singen wie diese Helene Fischer. Bambi, Goldene Kamera, 2 Echos. Mann, sie hat inzwischen angeblich 20 Millionen verdient.

> **» Marie-Lin**
> Hast du die Adresse der Klinik?

> **» Manou**
> Nein. Aber ich sehe Alex später beim Hockey. Ich denk dran!

> **» Marie-Lin**
> Versprochen?

> **» Manou**
> Versprochen!

> **» Manou**
> Helene Fischer hat eine Wohnung in Hamburg gekauft. Für über 2,5 Millionen.
>
> Das wär's! Genau das Richtige für uns.
> Wie würden wir uns einrichten?

> **» Marie-Lin**
> Wir hätten ein Schwimmbad auf dem Dach, beheizt natürlich, auf 30 Grad. Wir hätten in jedem Zimmer Mega-Flat-TVs. Videowände mit den schönsten Filmen und Serien.

> **» Manou**
> Oh ja, und wir würden eine 24-Stunden-„Game of Thrones"-Party machen. Staffel 1 bis 5.

» **Marie-Lin**
Und niemand quatscht einem rein von wegen: Das ist erst ab 16!
Mach das sofort aus! Es ist schon spät!
Das ist nichts für DICH und so. Herrlich!

» **Manou**
Wen würdest du dazu einladen?

» **Marie-Lin**
Daniel natürlich!

» **Manou**
Klar, den süßen, kleinen, Liebesbriefe schreibenden Daniel.
Nee, ist klar!!!!!!

» **Marie-Lin**
JA! Genau den! Natürlich nicht. Genau den brauchen wir in unserer
Mega-Wohnung nun gerade nicht! Hab übrigens heute wieder einen
Brief von ihm bekommen.

» **Manou**
Und?

» **Marie-Lin**
Ja! Wieder süß. Total süß und total nervig. Ich weiß auch nicht, wie
der unterwegs ist. Der steht irgendwie auf Emo-Folter. Ich sag ihm
jedes Mal: Daniel, das wird nix mit uns, schleich dich, aber er rafft
es nicht. An seiner Schultasche baumelt immer noch dieses alberne
Männchen, das ich ihm vor 2 Jahren beim Julklapp geschenkt habe.
Der hat damals irgendwas missverstanden.

» **Marie-Lin**
Hey, bist du noch da??? Und wen würdest du einladen? Jens? Immer noch Jens?

» **Manou**
Ich glaube schon. Ja, es wäre immer noch Jens. Es ist komisch. Er muss nur lächeln, und ich dreh durch.

» **Marie-Lin**
Also hat die Liebeskummer-Therapie und das Geknutsche mit Hanna dich nicht davon geheilt?

» **Manou**
Nee. 😳 Wir waren zusammen im Kino. In dem neuen Elyas-M'Barek-Film. Super! Musst du dir unbedingt anschauen. M'Barek ist echt heiß! Megaheiß!

» **Marie-Lin**
Lenk nicht ab, das glaube ich jetzt nicht!
Er stopft seinen Lappen in diese Hanna, und du gehst mit ihm ins Kino? Das ist nicht dein Ernst! 😵

» **Manou**
Hör mal, wir sind kein Ehepaar. Es ist schließlich seine Zunge.

» **Marie-Lin**
Du willst ihn also nicht verlieren, dabei sitzt er schon lange in einem ICE Richtung Abenteuer, und du versuchst ihn mit einer Regionalbahn einzuholen. Schatzi, das wird nix!!!! Glaub es mir! Dein Zug ist nicht nur viel zu langsam, sondern fährt auch noch in die völlig falsche Richtung. Kino … ich fasse es einfach nicht.

» Manou
Kannst du aber ruhig!

» Marie-Lin
Für dich müsste man den Spruch umformulieren in:
„Jemand belehrt dich eines Schlechteren!"

» Manou
Ich kämpfe um ihn. Ich will ihn nicht verlieren.
Und schon gar nicht an eine so blöde Zicke wie Hanna!

» Manou
Fühlst du dich manchmal einsam?

» Marie-Lin
Manchmal? Dauernd!

» Manou
Sei mal ernst!

» Marie-Lin
Bin ich! Klar fühle ich mich manchmal einsam!
Wenn ich einschlafen will und nicht kann!

Wenn ich nachts grübele.

Bei Klassenarbeiten, wenn Daniel mich nicht abschreiben lässt.
Wenn ich allein mit dem Fahrrad nach Hause fahre, weil du Cola in irgendwelche Schultaschen schüttest …Wenn ich Klavier in meinem Zimmer spiele, aber niemand zuhört.

Nur wenn ich bei Ben bin, dann fühle ich mich nicht so;
er ist über 60 Jahre alt, aber mit ihm lache ich mich echt tot.

» **Manou**
Wer ist denn Ben?
Der unheimliche, geheime
„Mister-ich-sag-nicht-deinen-Namen-Typ"?
Stehst du jetzt auf Kerle, für die man
schon Abwrackprämie beantragen könnte?

» **Marie-Lin**
Nein, Ben ist dieser alte Journalist, der bei uns im Haus im 2. Stock wohnt. Er ist genial. Er weiß einfach alles. Und ist echt cool. Ich mag es einfach, mit ihm zu reden.

» **Manou**
Was redest du mit ihm?

» **Marie-Lin**
Alles Mögliche … über dich … über meine Mutter …
über unsere Lehrer.

» **Manou**
Du redest mit dem Typen über mich? Spinnst du?
Ich bin deine Freundin. Was soll das?

» **Marie-Lin**
Mann, wir lästern doch nicht. Er erklärt mir einfach die Dinge.
Er nimmt mich ernst und hört mir zu.

» Manou
Und deine Mutter?

» Marie-Lin
Sie findet es ok, dass ich ihn besuche.
Er ist alt und allein.
Er ist ein bisschen wie ein Ersatzopa.
Mein Opa ist schon vor 10 Jahren gestorben,
ich kann mich nicht mehr an ihn erinnern.

» Manou
Du bist wirklich durchgeknallt.
Wenn du mal nicht Klavier spielst,
dann gehst du zu einem alten Mann
und redest …
das glaube ich nicht!

» Marie-Lin
Ich mag ihn. Er hat 9000 Bücher in
seinem Wohnzimmer.
Und alle gelesen.
Und mindestens 12 selber geschrieben.

» Manou
Apropos »alter Mann«.
Du wolltest doch die Adresse von der Klinik,
in die Patrick nach seinem Skiunfall
eingeliefert wurde!
Ich schick dir nen Screenshot
von einem Zeitungsausschnitt.
Darin steht alles.

Junger Deutscher auf Klassenreise verunglückt!

Berchtesgaden

Ein junger deutscher Student ist am Wochenende bei einer Skireise schwer verunglückt. Der 19-jährige Patrick S. war als zusätzliche Begleitung zusammen mit 25 Schülern eines Hamburger Gymnasiums unterwegs. Das Unglück passierte am Freitag gegen 14 Uhr auf dem Jenner.

Der Mathe- und Sportstudent kam von der Piste ab, stürzte einen Abhang hinunter und prallte gegen einen Baumstumpf. Patrick S. wurde mit schweren Verletzungen mit einem Hubschrauber in die Kreisklinik Berchtesgaden geflogen.

Der junge Mann war bei vollem Bewusstsein. In der Klinik wurden mehrere Brüche festgestellt. Innere Verletzungen erlitt er nicht.

» **Marie-Lin**
DANKE! DANKE!

» **Manou**
So bin ich eben. Hat die Krankenhaus-Adresse etwas mit deinem Gefasel von Sorgen & Geheimnis zu tun?

» **Marie-Lin**
Nerv nicht!

Marie-Lin
LIEBE! ♥

» Manou
LIEBE! ♥

★ ★ ★

» Manou
Hey, es geht los. Wir machen am Wochenende eine
„Game of Thrones"-Party bei Leon.
Von Freitag bis Samstag. Hast du einen Schlafsack?

» Marie-Lin
Einen Schlafsack? Was soll das?

» Manou
Na, wir schlafen alle bei Leon und schauen ein paar Staffeln.

» Marie-Lin
Wie soll ich das meiner Mutter erklären? Schlafen bei Leon! Sie hasst nicht nur seine aufgetakelte Mutter, sondern einfach alles an dieser Familie. Das riesige Haus, Leon selbst, seinen Hund, seine Schwester, sein angestrahltes Gartentor … einfach alles! Sie wird mir niemals erlauben, dort zu schlafen. Vergiss es!

» Manou
Hallo! Erinnere dich bitte an die Politikstunde heute:
„Artikel 1 der Menschenrechte: Alle Menschen sind frei!
Artikel 4: Niemand darf in Sklaverei gehalten werden!" Klaro!

> Deine Mutter soll sich mal entspannen. Dann schläfst du eben offiziell bei mir – das wird sie dir ja wohl endlich erlauben –, deine Mutter muss nun wirklich nicht alles wissen! ODER????

» Marie-Lin
Ok! Wir können es versuchen! Bei dir schlafen geht vielleicht gerade. Aber wie soll das laufen?

» Manou
Du bringst deinen Schlafsack am Freitag mit zur Schule, und wir fahren am Abend zusammen zu Leon. Ganz einfach.

» Marie-Lin
Ganz einfach. Meine Eltern glauben mir nie, dass ich bei dir im Schlafsack schlafe. Ganz einfach, von wegen!

» Manou
Mach doch nicht alles so kompliziert! Sie muss doch nicht mitbekommen, dass du den Schlafsack mitnimmst!

» Marie-Lin
Soll ich ihn unter der Jacke morgens aus der Wohnung tragen? Das Ding ist viel zu dick.

» Manou
Wann kommt sie von der Arbeit nach Hause?

» Marie-Lin
Um 16 Uhr.

> » **Manou**
> Ich bin um 15 Uhr bei dir, du gibst mir das Scheißding, und ich nehme es schon mal mit. Alles klar?

> » **Marie-Lin**
> Sie wird mich umbringen, wenn sie mitbekommt, dass ich bei Leon schlafe!

> » **Manou**
> ACHTUNG! Artikel 1 & 4 der Menschenrechte! Erinnere dich! Es ist eine Art Politikhausaufgabe, die wir hier als Experiment testen. Klaro?

> » **Marie-Lin**
> Klar! 15 Uhr. Nicht später!

> » **Manou**
> Alles klar. Schatzi, du bist im Recall! Also auf zur Party!
> Und bring ja nicht wieder deine Öko-Limo mit.
> Sonst dreh ich durch. Öko-Limo, Emilia Clarke & Peter Dinklage passen so gut zusammen wie deine Mutter & ausschlafen!

> » **Manou**
> Du warst heute morgen so schnell weg.
> Konnte gar nicht richtig Tschüss sagen!

> » **Marie-Lin**
> Alles gut!

> **» Manou**
> Wie fandest du es?

> **» Marie-Lin**
> Es war ok.

> **» Manou**
> Es war ok? Es war super!

> **» Marie-Lin**
> Du hättest mir sagen müssen, dass Daniel auch kommt.
> Er nervt so was von. Echt. Ich hab keine Lust auf solche Treffen.

> **» Manou**
> 'tschuldigung! Mann, bist du schlecht drauf!
> An manchen Tagen kann man sich
> dich echt nervlich nicht leisten.

> **» Marie-Lin**
> Sorry! Echt sorry!

> **» Manou**
> Schon gut.

> **» Marie-Lin**
> Er hat geantwortet.
> JA! Es geht ihm besser!
> In zwei Wochen kommt er zurück nach Hamburg.

» Manou
Er hat geantwortet? Wer?

» Marie-Lin
Patrick!

» Manou
Du hast ihm tatsächlich ins Krankenhaus geschrieben? Einen Brief?

» Marie-Lin
Ja! Ich habe ihm ein Fax geschickt!

» Manou
Das glaube ich nicht.
Du hast dem Typen aus der Bibliothek geschrieben?
Ich dreh ab …

» Marie-Lin
Ok, es klingt verrückt.
Ist es aber nicht. Ich kenne Patrick besser,
als du glaubst.

» Manou
Bitte?

» Marie-Lin
Wir haben uns ein paarmal unterhalten,
in der Bibliothek.
Ich mag ihn sehr gern …

» **Manou**
Aha! Das ist also der unheimlich geheime
„Ich sag nicht seinen Namen"-Typ,
von dem du mir nichts erzählen wolltest!

» **Marie-Lin**
Könnte man so sagen …

» **Manou**
Ich dreh durch: Du bist in diesen Studenten verknallt!
Marie-Lin! Ich glaube, mein Gehirn war
in den letzten Wochen in den Ferien. Jetzt verstehe ich!
Mann, ich hätte es längst merken müssen.
Du bist wahnsinnig! Das kann doch gar nichts werden!
Mann, der darf nichts mit einer Schülerin anfangen.

» **Marie-Lin**
Hör auf! ICH LIEBE IHN! Glaube ich jedenfalls.

» **Manou**
Und er? Weiß er davon?

» **Marie-Lin**
Nein. Vielleicht ahnt er etwas.

» **Manou**
Was hast du ihm ins Krankenhaus geschrieben?
Was hat er dir geschrieben?

» **Marie-Lin**
Ich schick dir die Briefe,
wenn du mir versprichst, dass du niemals
jemandem was davon erzählst.

> **» Manou**
> Natürlich erzähle ich es niemandem.
> Hey, ich bin deine beste Freundin!

» Marie-Lin

Lieber Patrick,

es tut mir so unglaublich leid, was dir passiert ist.

Ich habe jeden Tag an dich gedacht. Ich weiß, dass das eigentlich gar keine gute Idee ist. Dass ich das eigentlich gar nicht tun sollte. Aber ich kann nicht anders.

Jetzt, wo ich weiß, dass ich dich in der Schule nicht sehen kann, nicht in den Pausen, nicht in der Kantine, nicht in der Bibliothek.

Ich habe jetzt erst richtig gespürt, wie wichtig du für mich bist.

Auch wenn wir uns bis jetzt nur ein paarmal unterhalten haben. Das war so schön.

Sicher, du glaubst, ich sei noch ein Kind. Das bin ich auch – aber ein Teil von mir ist schon erwachsen. Meine Schüchternheit ist in Wirklichkeit mein Schutzschild. Mein Versteck, in dem ich sein kann, wie ich will.

In diesem Versteck bin ich viel älter. Hier bin ich glücklich. Hier träume ich. Hier fliege ich. Hier bin ich frei.

In diesem Versteck gibt es keinen Lärm, keine Eltern, kein Klavier. Nur mich und dich und meine Gedanken.

Bis bald!
Deine Marie-Lin

» **Marie-Lin**

Liebe Marie-Lin,

ich danke dir für deinen Mut, den das Schreiben deines Briefes dich sicher gekostet hat.

Ich bin ein ehrlicher Mensch. Ich muss ehrlich sein, auch wenn ich nicht dein Lehrer, sondern nur ein Student an deiner Schule bin: Die Liebe ist etwas anderes als das, was du für mich zu empfinden glaubst. Liebe ist das Aufregendste im ganzen Leben. Sie ist ein geheimnisvoller Pakt zwischen zwei Menschen, die zueinander passen. Die das Risiko eingehen, sich gemeinsam ins Leben zu stürzen.

Aber, liebe Marie-Lin, diesen Pakt kann es zwischen uns niemals geben. Wir dürfen es nicht! Niemals! Verzeih meine Ehrlichkeit.

Ich komme in einer Woche aus der Klinik und zurück nach Hamburg. In zwei Wochen bin ich wieder an der Schule. Vielleicht könnten wir miteinander reden.

Noch einmal danke für deine mutigen Zeilen.

Patrick Schubert

» **Manou**

Oh Mann, Marie-Lin, das klingt aber nicht so, als wäre er besonders interessiert an dir. Und er hat verdammt recht. Das hier geht nicht gut aus. Das riecht voll nach Mega-Problem!
Mega-Super-Riesen-Problem.

» **Manou**
Aber ich verstehe dich. Er ist echt süß.
Er ist heiß! 😍

» **Marie-Lin**
Er hat mit seinem vollen Namen unterschrieben:
Patrick Schubert. Klingt doch total kalt, oder?

» **Manou**
Was erwartest du von ihm?
Die ganze Sache ist nicht gut für dich
und schon gar nicht gut für ihn.
Du hast dich in den Falschen verliebt.

» **Marie-Lin**
Ich bin 15 – ich habe das Recht darauf, Mist zu bauen!

» **Manou**
Fragt sich nur, wem dieser ganze „Mist" am Ende etwas bringt.

» **Marie-Lin**
Ich träume von ihm. Ganz echt.

» **Manou**
Wie, du träumst von ihm?

» **Marie-Lin**
Na ja, wir gehen zusammen über den Schulflur.
Wir machen blöde Witze über die Schule.
Wir albern rum. Und dabei berühren wir uns irgendwie ganz zufällig.

» Manou
Oh Mann, du bist ja wirklich total verknallt.

» Marie-Lin
Aber meine Träume gehen weiter. Er bringt mich nach Hause. Wir machen weiter Späße, albern mit den Armen umher, dabei berühren sich unsere Hände. Unsere Hände passen gut zusammen. Er hat schöne Hände – kräftig und männlich. Überhaupt, Patrick ist groß. Fast 2 Meter. Echt cool!

» Manou
Wach auf! Das ist nur ein Traum!

» Marie-Lin
Nein. Nein. Nein. Scheiß auf Traum. Ich mag ihn.
Ich schreibe nicht „verliebt".
„Verliebt" fühlt sich schon beim Schreiben blöd an. Ich mag ihn.
In meinem Traum rieche ich sogar sein Haar. Er hat dickes Haar.
Ich mag, dass er keine Frisur hat … oder wie soll man diesen Schnitt nennen? Sie sind ihm einfach so vom Kopf gewachsen. Total klasse. Kein Gel, kein Justin-Bieber-Bubi-Schnitt.
Und hast du mal seine Augen genauer angeschaut?

» Marie-Lin
Hey, seine Augen?
Hast du sie mal genauer angeschaut?
Echt jetzt.

» Manou
Schatz, du spinnst! Warum sollte ich seine Augen anschauen?
Nein, habe ich nicht.

> » **Marie-Lin**
> Sie sind blau. Hellblau. Ganz selten bei dunklem Haar.

> » **Manou**
> Du bist bescheuert. Du bist verrückt. Durchgeknallt. Und wirklich total am Ende.
> Ich glaube, dein Gehirn hat einen Wackelkontakt.
> Patrick & du – das kann nichts werden!

> » **Marie-Lin**
> Danke für die Kopfwaschung. Schätze, so fühlen sich Erwachsene nach einer Darmspiegelung … aber warte es ab.

> » **Manou**
> Lass uns morgen in der Schule reden.
> Muss los zum Hockey.

> » **Marie-Lin**
> Auf keinen Fall!! Kein Wort in der Schule!! Zu niemandem.
> Niemand!! – hörst du? – darf etwas davon erfahren!!!!!

> » **Manou**
> Ok. Ok.

> » **Marie-Lin**
> Frage: Wen findest du richtig heiß?

> » **Manou**
> 1. Matthias Schweighöfer
> 2. Elyas M'Barek
> 3. Jens

> **» Marie-Lin**
> Matthias und Elyas heißer als Jens? Das sage ich Jens!

> **» Manou**
> Mach doch!

> **» Manou**
> Ich schick dir mal, was Elyas über Schule in einem Interview gesagt hat!

Horror vor der Schule?

Elyas M'Barek: »Nö! Aber ich war faul. Ich habe dauernd die Schulen gewechselt. Ich bin dreimal sitzen geblieben. Schuld war die Pubertät. Da denkst du ja nicht an Noten. Mathe habe ich gehasst – obwohl mein Vater Mathelehrer war. Aber das Abi habe ich als Klassenbester gemacht – ich war auch der Älteste!«

> **» Manou**
> 3x sitzen geblieben!
> Der Typ ist so was von genial!

> **» Marie-Lin**
> … und am Ende Klassenbester!
> Ich habe noch Hoffnung für DICH!!!!!

> **» Manou**
> Ja! Elyas hat auch gesagt:
> „Ich habe gelernt, dass man sich nicht aufgeben darf!"
> Das sollte dein Motto sein! Auf geht's!

> **» Marie-Lin**
> LIEBE! ♥

> **» Manou**
> LIEBE! ♥

> **» Marie-Lin**
> Was war heute in der Schule los?
> Bist du sauer auf mich? ☹

> **» Manou**
> Nein. Bin ich nicht.

> **» Marie-Lin**
> Was dann?

» Manou
Kann ich nicht sagen!

» Marie-Lin
Bitte! Ich bin deine beste Freundin. Hey, dein Tresor!
Deine zweite Seele! So eine Art Eimer für Kopfmüll!
Los, raus damit. Was ist los?

» Manou
Du sagst es keinem?

» Marie-Lin
Hallo! Ich habe vor dir mein Herz seziert,
und du stellst mir solche Fragen. Wie wäre es,
wenn du mal einen Leistungskurs VERTRAUEN belegst?

» Manou
Ich habe seit gestern meine Tage!

» Marie-Lin
Hurra! Willkommen im Klub!
Ich habe meine Tage schon seit fast zwei Jahren.
Mach dir nix draus, man gewöhnt sich dran.

» Manou
Du hast deine Tage schon so lange
und hast mir kein Wort davon gesagt??

» **Marie-Lin**
Ich fand's nicht so wichtig. Das ist eben so, wenn man erwachsen wird. Ich wette, über die Hälfte in unserer Klasse hat die Regel schon, aber keiner quatscht darüber. Also, entspann dich!
In deinem Alter kann man der Natur wohl kaum einen Vorwurf machen!

» **Manou**
Aber irgendwie trotzdem doof.
Meine Mutter meinte, wenn ich meine Regel bekomme, müsse sie mit mir zum Frauenarzt.

» **Marie-Lin**
Klar! Ist so! Und der quatscht dich dann voll,
von wegen ob du schon Sex hattest und so und wegen Verhütung.
Und irgendeiner blöden Spritze gegen Gebärmutterhalskrebs.

» **Manou**
Du warst schon da?

» **Marie-Lin**
Ja, klar war ich. Ist gar nicht schlimm.

» **Manou**
Warst du bei einem Mann oder bei einer Frau?

» **Marie-Lin**
Bei einem Mann. Klar ist das ein komisches Gefühl,
aber er war total nett. Meine Mutter war mit.
Sie kennt ihn schon seit 10 Jahren.
Erst hatte ich Angst, aber dann war's ok.

> **» Manou**
> Ok. Es war ok!
> Na, das sind ja Superaussichten.
> Ich hab echt Angst.

> **» Marie-Lin**
> Das brauchst du nicht. Er hat auch zu mir gesagt,
> dass wir beim ersten Mal nur reden könnten
> und ich dann später wiederkommen könne.
> Aber das fand ich nun auch albern, also hab ich's gemacht.

> **» Manou**
> Was?

> **» Marie-Lin**
> Na, mich untersuchen lassen.

> **» Manou**
> Na gut. Ich geh hin.

> **» Manou**
> Du musst das lassen. Ist dir schon mal aufgefallen,
> dass auf fast all deinen Heften, Zetteln, Büchern
> irgendwo sein Name gekritzelt steht?

> **» Marie-Lin**
> Egal. Es gibt Millionen Patricks auf dieser Welt.
> Lass mich doch. Ich mag es, wenn meine
> Hände seinen Namen schreiben.

> **Manou**
> Marie-Lin, ich kenne außer Patrick Schubert keinen anderen Patrick.

> **Manou**
> Hast du schon mal seine Facebook-Seite gecheckt?

> **Marie-Lin**
> Klar!

> **Manou**
> Und?

> **Marie-Lin**
> Was und? Er ist bei Facebook! Check doch selber.
> Voll peinlich, er mag James Blunt.

> **Manou**
> Hilfe!
> Diese Meinung haben er und meine Mutter wirklich ziemlich EXKLUSIV!

> **Marie-Lin**
> Geh mal auf seine Seite!

» Manou

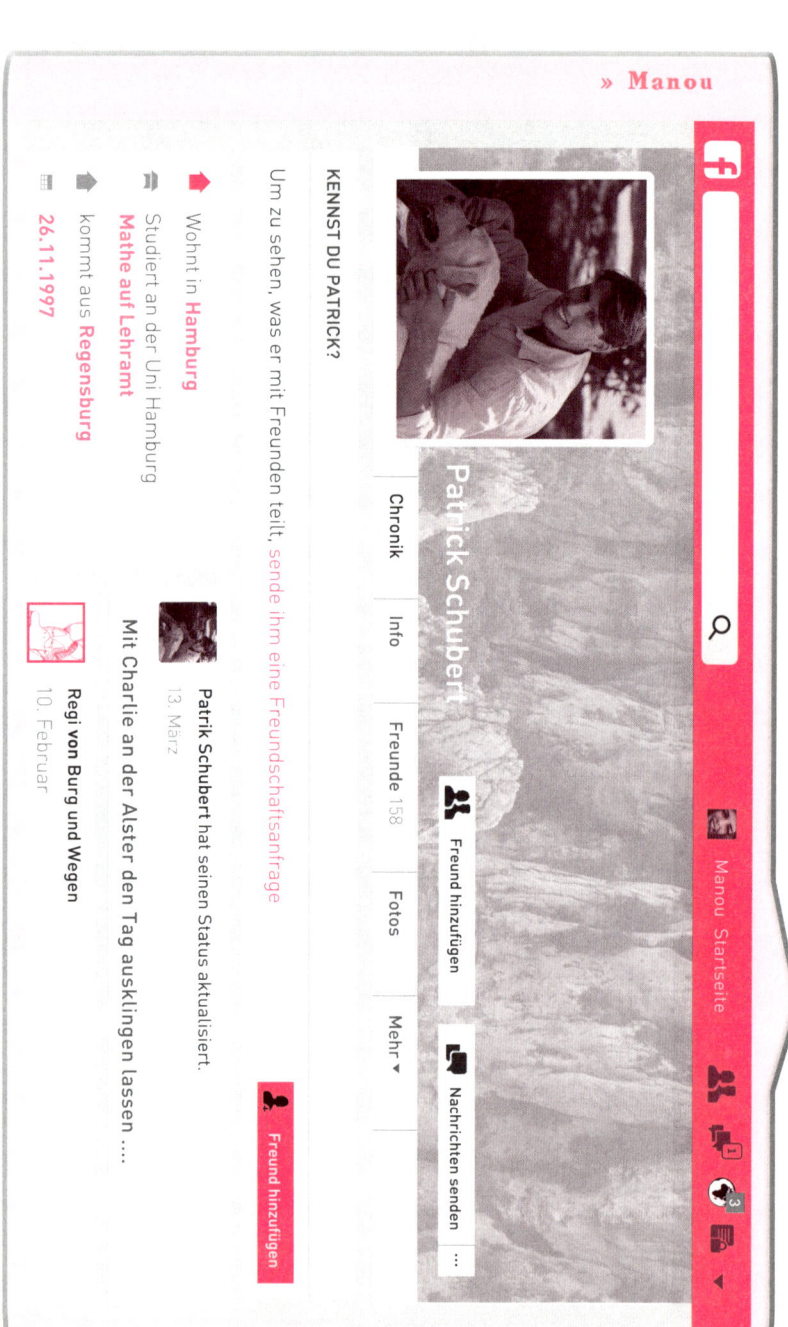

Patrick Schubert

Chronik | Info | Freunde 158 | Fotos | Mehr ▼

Freund hinzufügen

KENNST DU PATRICK?

Um zu sehen, was er mit Freunden teilt, sende ihm eine Freundschaftsanfrage

➤ Wohnt in **Hamburg**
➤ Studiert an der Uni Hamburg **Mathe auf Lehramt**
➤ kommt aus **Regensburg**
▦ **26.11.1997**

Patrik Schubert hat seinen Status aktualisiert.
13. März

Mit Charlie an der Alster den Tag ausklingen lassen ....

Freund hinzufügen

Regi von Burg und Wegen
10. Februar

» **Manou**
Voll süß, das Foto von ihm und seinem Hund Charlie.
So süß!!!!!

» **Marie-Lin**
Charlie oder Patrick?

» **Manou**
Mann, beide natürlich!
Wann ist er wieder in der Schule?

» **Marie-Lin**
Nächste Woche, glaube ich.

» **Manou**
Und, wie sieht's aus?
Willst du dich nicht doch mit Super-Briefe-schreiber-DANIEL zusammentun?
Wäre so viel einfacher …

» **Marie-Lin**
Hör endlich auf mit Daniel.
Du weißt, dass ich ihn echt nicht leiden kann.
Er ist nicht mein Typ. Klar?
Irgendwie voll fies, je mehr Briefe er mir schreibt, desto nerviger finde ich ihn. Dabei meint er es voll nett.
Auf Facebook hat er bloß 50 Freunde! Grusel!

» **Manou**
Davon stammen aber 40 aus seiner Familie, und die anderen 10 haben die Freundschaft noch nicht bestätigt!

> **» Marie-Lin**
> Du bist echt gemein. Supermegagemein.

> **» Manou**
> Und was ist mit Patrick?

> **» Marie-Lin**
> Weiß auch nicht! Patrick?
> Wir werden es sehen, wenn er zurückkommt.

> **» Manou**
> LIEBE!

> **» Marie-Lin**
> LIEBE!

★ ★ ★

> **» Manou**
> Ich glaube, ich sage immer das Falsche, wenn ich Jens sehe.
> Vielleicht haben wir Mädchen, wenn wir verliebt sind,
> und dem Typen gegenüberstehen, so eine Art Infostau in der Birne.
> Mir geht es jedenfalls immer so. Ich will irgendwas besonders
> Witziges sagen. Und das geht dann voll daneben. Mein Kopf über-
> legt bei jedem Satz, wie wird Jens das jetzt finden? Ist das cool?
> Wirke ich auch entspannt? Aber ich glaube, auf meiner Stirn steht
> jedes Mal: „Hallo, verliebtes Ding ist voll eifersüchtig!"
> Genauso ist es mit Anrufen! Jedes Mal sagt meine Birne:
> Hey, tu es nicht! Er war heute wieder voll blöd zu dir in der Schule!
> Aber dann mailt mein Kopf trotzdem an meine Fingerkuppen:
> Los, wähl seine Nummer!

> **» Manou**
> Und schon sitz ich 10 Minuten später wieder heulend rum, weil er leider Fußballtraining wichtiger findet als mich.

> **» Marie-Lin**
> Vergiss Jens!

> **» Manou**
> Selber! Vergiss Patrick!

> **» Marie-Lin**
> Gibt's nicht irgendwo eine Pille, die man einwerfen kann, und schon sind die beiden von unseren Festplatten gestrichen?

> **» Manou**
> Ich glaube, wir sollten diese Pille erfinden!
> Wir wären reich! Wir könnten die Schule schmeißen.
> Und endlich unser Super-Dachterrassen-Apartment bauen.

> **» Marie-Lin**
> Bis morgen in der Schule.

> **» Manou**
> Bis dann!

> **» Marie-Lin**
> Oh shit, ich habe eine 5 in Englisch.
> Meine Mutter wird durchdrehen.

» Manou
Dann verschone sie und sag's ihr einfach nicht.

» Marie-Lin
Und was ist mit der Unterschrift?

» Manou
Die fälschen wir.

» Marie-Lin
Nein! Niemals!

» Manou
Warum nicht?

» Marie-Lin
Rafael hat letzte Woche die Unterschrift seiner Mutter gefälscht und ist direkt erwischt worden. Jetzt hat er richtig Ärger!
Seine Mutter musste zur Schulleitung.
Voll der Megastress. Meine Mutter würde durchdrehen!

» Manou
Mrs Duffy ist doch so blöd, die merkt das im Leben nicht. Ich mach's dauernd.
Nicht wegen der Noten, sondern weil ich's vergessen hab und es einfacher ist.
Außerdem: Meine Eltern würden es ok finden. Ich mach's für dich. Vertrau mir!

» Marie-Lin
Nein. Ich habe Angst. Ich bin nicht so wie du!

» Manou
Ach? Echt?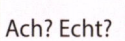

Komm! Mach dir nicht dauernd so einen Kopf!

» Marie-Lin
Mach ich aber!

» Manou
Dann sag's deinem Vater.
Soll er unterschreiben.

» Marie-Lin
Ich versuch's!
Er ist sogar mal zu Hause.

» Marie-Lin
Ich hab mit Ben über Patrick geredet.

» Manou
Hä?
Mit Ben? Der ist alt. Steinalt.

» Marie-Lin
Na und?

» Manou
Und?

» Marie-Lin
Ich soll mir keine Sorgen machen.
Dass nur ein Idiot meine Gefühle verurteilen würde.
Ja, so redet Ben, und deshalb mag ich ihn. Er hat gesagt,
dass ich auf mich hören soll! Dass es schon viel zu viele Menschen
gibt, die ihre innere Stimme verloren haben. Ben ist Segler.
Er sagt: Alles im Leben ist von etwas Höherem abhängig.
Beispiel: Segeln vom Wind. Wer das kapiert, lebt entspannter.
So einfach!

» Manou
Allerdings, sehr einfach!

» Marie-Lin
Ja, ich weiß, aber es hilft zumindest ein bisschen.
Ich fühle mich so nicht mehr so allein mit meinen Gefühlen
für Patrick. Fragst du dich nicht auch manchmal, warum man
sich so unglücklich verl…?
Du weißt, ich hasse diesen Ausdruck.

» Manou
Man könnte sagen, ich bin Experte in dieser V-Frage –
Verliebtsein-Experte Prof. Dr. Manou von Berghain.
Jedenfalls, seit Jens sich so bescheuert verhält,
weiß ich ne Menge über Typen.

1.
Jungs reden nicht!
Jungs schweigen! Das ist ihre Rüstung!

2.
Jungs haben Angst, sich zu bekennen!
Irgendein bescheuerter Kumpel könnte ja merken,
dass sie in Wahrheit gar kein Macho sind,
sondern unsicher und sensibel.

3.
Sie lügen!
Weil sie Angst vor ihren eigenen Gefühlen haben.

Ah ja?

» **Manou**

Nix „ah ja"! So ist es! Überhaupt: Es ist doch alles Zufall im Leben!

1.
Unsere Eltern haben sich gefunden und uns gezeugt.
Zufall! Oder hat dich jemand vorher gefragt,
ob du überhaupt Bock aufs Leben hast? NÖ! Also!

2.
Wir wurden in diese Welt geworfen wie ein Ball. Zufall, dass es gerade Deutschland, Hamburg war! Oder hat dich jemand vorher gefragt: Na, wie wär's mit Paris? Oder New York? Wir haben uns doch Hamburg nicht ausgesucht. Wir sind hier quasi ausgesetzt worden. Ok, es hätte schlimmer kommen können. Zum Beispiel ein Land, in dem Armut oder Krieg herrscht oder beides.

3.
Wir sehen aus, wie wir aussehen. Klamotten können wir beeinflussen, aber das war's auch schon. Mit dem Rest müssen wir fertigwerden. Ich habe nicht geschrien: „Lieber Gott, bitte, bitte gib richtig Gas bei den Füßen und brems dich beim Busen. Bitte, bitte schenk mir Schuhgröße 40 und Körbchengröße A!" Nein! Echt! Das kann mir niemand in meine riesigen Schuhe schieben.

4.
Und was ist mit unserem Geschmack, unserer Vorliebe fürs Chaos?
Mein Gott, da können wir doch nun echt nix für.
Ich stehe jeden Morgen auf und denke:
Manou, heute machst du alles richtig … bis ich Jens treffe!

Also, Fazit:
Wir beide sind nun echt nicht Schuld an Patrick & Jens!
Klaro?

> **» Marie-Lin**
> Klaro! Geniale Logik. 👍

> **» Marie-Lin**
> Und mach dir nicht immer Sorgen wegen
> deiner Schuhgröße!
> Kate Winslet hat Größe 43,
> Elle Macpherson Größe 44,
> Katie Holmes & Gwyneth Paltrow Größe 42.
> Und Riesenbusen haben die auch alle nicht.
> Wo also ist das Problem?

> **» Manou**
> Ja, vielleicht hast du recht. Und ich kann's ja eh nicht ändern …

» **Manou**
Frage: Was würdest du bereuen,
wenn du es bis zum Jahresende nicht getan hättest?

» **Marie-Lin**
Patrick nicht richtig geküsst zu haben!!!!

» **Manou**
Das ist mal ne Ansage!
Beziehungsstatus bei mir?
Ich habe schon genug Stress mit meinen Haaren!

» **Manou**
Frage:
Kann man sich verlieben in jemanden,
den man gar nicht kennt?

» **Marie-Lin**
Wie jetzt?

» **Manou**
In jemanden, den man noch nie in ECHT gesehen hat?
Von dem man noch nicht einmal weiß,
ob Samsung oder Apple.
Ob Schokolade oder Gummibärchen.
Ob McDonalds oder Burger King.
Ob Rock- oder Popmusik.
Ob Brille oder Kontaktlinsen.

» **Marie-Lin**
Nee, is' klar!

> **» Marie-Lin**
> Ob Matratzenschoner oder Flecken? Ob nackt oder Pyjama?
> Ob Kuscheltier oder Schnuffeltuch?

> **» Manou**
> Nein!

> **» Marie-Lin**
> Ich weiß, wovon du faselst:
> Matthias Schweighöfer - dein „Bett-Kopf-Mann"!

> **» Manou**
> JA!

> **» Marie-Lin**
> Klare Antwort auf deine Frage:
> NEIN! Man muss wissen, wie jemand riecht,
> bevor man sich in ihn verlieben kann.

> **» Manou**
> Man muss wissen, wie jemand riecht?
> Ob Chanel oder Rossmann?

> **» Marie-Lin**
> Nein! Ob gut oder langweilig.
> Ob frisch oder nach altem Schrank!

> **» Manou**
> Matthias riecht gut! Klar!

> » **Manou**
> Jens, Rafael und Leon haben heute wieder Pornos in der Pause geguckt. Das ist so widerlich!

> » **Marie-Lin**
> Spießer!

> » **Manou**
> Ich finde es widerlich,
> wenn sie sich daran aufgeilen und so tun,
> als würden sie sich selber schon auskennen.
> Alles Quatsch!

> » **Marie-Lin**
> Lass sie doch!

» Manou
Mach ich doch! Mich nervt nur dieses Gequatsche über Stellungen. Und wie viel Gleitcreme gut ist. Oder ob sie es schon mal mit Sexspielzeugen versucht haben.

» Marie-Lin
Vielleicht haben sie zu viel in Onlineshops gesurft …

» Manou
Ist doch alles nur Angeberei.

» Marie-Lin
Ja klar, so sind Jungs eben.

» Manou
Glaubst du, alle Jungs in unserer Klasse haben schon mal Pornos geguckt?

» Marie-Lin
Alle!

» Marie-Lin
Stopp! Außer Daniel!

» Manou
Du bist gemein!

» Marie-Lin
Was glaubst du,
wie viele hatten schon mal richtigen Sex?

> **» Manou**
> Keiner!

> **» Marie-Lin**
> Welches Mädchen hat schon mal einen Penis angefasst?

> **» Manou**
> Eine! Ganz sicher! Allegra – die Schulschlampe.
> Ich weiß es genau, sie hat mit Donatus aus der Oberstufe rumgemacht. So richtig! Außerdem finden sie alle heiß! Das ist ja das Verrückte, die Jungs stehen auf diese Tanten in scharfen Klamotten. Die stehen auf Zicken. Guck doch mal genau hin! Dauernd machen sie Allegra an. Kritzeln ihr irgendeinen Scheiß auf ihr Heft oder nehmen ihr Handy weg oder stopfen was in ihre Schultasche.
> Und sie liebt es, kreischend hinter den Jungs herzulaufen.
> Das ist doch alles Masche!

> **» Marie-Lin**
> Guck mal, hab ich gerade im Internet gefunden!
> Eine Story aus einer Zeitschrift:

> Wer wann das erste Mal Sex hat, hängt auch mit dem Bildungsniveau zusammen: Während von den sexuell erfahrenen Jugendlichen 63 % der Hauptschülerinnen und 53 % der Hauptschüler angaben, schon mit 14 Jahren oder früher Geschlechtsverkehr gehabt zu haben, waren es bei den Gymnasiasten nur 32 % der Mädchen und 19 % der Jungen.

» Manou
Ok! Wir haben noch ein bisschen Schonfrist!

» Marie-Lin
Ja! Weil wir so schlau sind!
Weil nur dumme Tanten sich von
dummen Typen flachlegen lassen!

» Manou
Ey! Klingt voll arrogant!

» Marie-Lin
Na und?

» Manou
Und was ist, wenn der „schlaue"
Patrick dich fragt?

» Marie-Lin
Lass das!

» Marie-Lin
Was ist mit Jens?
Glaubst du, er hat schon mal?

» Manou
Nein!

» Marie-Lin
Nein, ich weiß es nicht,
oder: Nein, er hat noch nicht?

> **» Manou**
> Nein, er hat noch nicht!

> **» Marie-Lin**
> Sicher?

> **» Manou**
> Sicher!

> **» Marie-Lin**
> Woher weißt du das?

> **» Manou**
> Ich hab mit ihm drüber geredet.

> **» Marie-Lin**
> Wann?

> **» Manou**
> Vor 2 Tagen.

> **» Marie-Lin**
> 😳

> **» Manou**
> Die Sache mit Hanna ist nichts.
> Er hat nichts mit ihr. Nicht mehr.

> **» Marie-Lin**
> Und ihr?

> » Manou

> » Marie-Lin
> Ich wusste es!

> » Manou
> Hast du die Unterschrift von deinem Vater?

> » Marie-Lin
> Hab ich! Er ist echt locker.

> » Manou
> Er ist nicht locker, er ist Vater.
> Und Vater ist in diesem Fall ein Adjektiv und steht für Bloß-keinen-Stress. Oder auch für Och-nö-Hauptsache-ich-hab-meine-Ruhe oder für Bitte-einfach-nur-hier-liegen-lassen. Befolgst du diese Regeln, bekommst du von einem ordentlichen Durchschnittsvater jede Unterschrift.

> » Marie-Lin
> Guter Tipp von dir. Die guten Noten bekommt ab sofort meine Mutter zu sehen,
> und mit den schlechten auf zu Paps. 😃

> » Manou
> Bist echt lernfähig!

> **» Marie-Lin**
> Was ist denn mit deinem Bruder Tim los?

> **» Manou**
> Vollmeise! Totale Vollmeise. Du weißt doch, er hat dauernd irgendwelche Ticks. Zurzeit ist er auf einem ganz neuen Trip: Ab dem 20. jeden Monats isst er nix mehr aus unserem Kühlschrank. Er hat sich selber eine Art „Enthaltsamkeit" auferlegt. Ich nenne es Folter, gemischt mit besagter Vollmeise. Meine Mutter trocknet immer unser altes Brot für die Pferde auf dem Land bei ihrer Schwester. Tim hat es gestern unter den Wasserhahn gehalten, gewartet, bis es aufgeweicht war, und dann gegessen. Der merkt nix mehr! 😑

> **» Marie-Lin**
> Aber irgendwie finde ich das total cool.
> Der macht wenigstens etwas. Er hat eine Meinung.
> Ich habe ihn bei der Schulversammlung letzte Woche gehört.
> Er hat über Biogasanlagen und Windkraft gesprochen.
> Er hat voll den Durchblick. Ich finde das gut.
> Er meinte, sein Fasten sei ein Zeichen.

> **» Manou**
> Ein Zeichen für Vollmeise.
> Was hat denn das alte Brot mit unserer Steckdose zu tun?

> **» Marie-Lin**
> Dass er kämpft! 💪

» Manou
Mit altem Brot!

» Marie-Lin
Symbolisch!

» Manou
Symbolisch? Der Typ will meinen Vater überreden, seine ganze Kohle in eine Biogasanlage in Niedersachsen zu investieren. Er will nach dem Abi Landwirtschaft studieren und einen Bio-Generationen-Hof aufbauen. Faselt dauernd was von: Das brauchen wir alles nicht. Nix Ferienhaus in St. Tropez. Ihm würde sein altes Fahrrad genügen. Der Typ könnte in 2 Monaten seinen Führerschein machen und will es nicht. Bei dem sind doch echt alle Synapsen von zu viel Cola verklebt. Kann ja seinen Erbteil mir schenken, wenn ihm die Last der Kohle zu groß ist. Meine Muckis wuppen das!

» Marie-Lin
Ich finde Tims Einstellung großartig. Er ist echt klasse.

» Manou
Schatzi, Patrick ist schon Katastrophe. Tim wäre die Steigerung. Vergiss es, er ist nicht großartig! Ich weiß es genau, er ist mein Bruder, und das seit 14 Jahren, klar! Finger weg von diesem Menschen!

» Marie-Lin
Mann, entspann dich!

» Manou
Das, und genau das, sagt mein Bruder auch immer.
Und das in der Geschwindigkeit einer Schnecke,
die Ferien hat. Ich hasse ihn für seine Gelassenheit.
Alles weiß er besser. Er regt sich nie auf.
Er würde sich wahrscheinlich noch nicht einmal beeilen,
wenn er Durchfall hätte und noch 500 Meter bis zum Klo.
Verstehst du?

Außerdem macht der Typ nie Hausaufgaben
und ist trotzdem gut in der Schule.
Ich meine, das ist doch nun wirklich nicht fair!
Also, mir gegenüber, oder?

» Marie-Lin
Sag ja, der Typ ist echt cool!

» Manou
Blödsinn!
Außerdem: Mein Bruder liebt Fußball.

» Marie-Lin
Na und?

» Manou
Noch schlimmer.
Er liebt Bayern München! Ja! Tut er!
Warum lieben Menschen Fußball?
Verstehst du das? Ich weiß es nicht.

» Marie-Lin
Ich aber.

» Manou
Warum?

» Marie-Lin
Weil jeder im Leben davon träumt, den Messi-Pass zu spielen.
Weil jeder davon träumt, die große Liebe zu küssen.
Weil jeder davon träumt, etwas Großes zu tun.

» Manou
Bitte?

» Marie-Lin
Ich war wieder bei Ben gestern.

Er hat mir das Glück erklärt. Er hat erzählt, dass er als junger Mann eine Zeit lang gar nichts getan hat. Absolut nichts. Keine Aufgabe. Er hat 6 Monate lang nur rumgelegen. Bis er so unglücklich war, dass er morgens kaum noch aufstehen wollte. Ben behauptet, dass wir nur durch unser Tun auch unser Glück finden. Das wir uns nur selber mögen, wenn wir etwas schaffen. Egal was. Egal ob mit dem Fußball oder am Klavier. Ich glaube ihm.

» Manou
Ok, klingt schlüssig.

» Marie-Lin
Du bist eine Mega-Hockeyspielerin!
Und ich kann ganz gut Klavier!

> **» Manou**
> Ganz gut? Du bist der Hammer!

> **» Manou**
> Und das ist unser Glück?

> **» Marie-Lin**
> Ja. Ein Teil unseres Glücks!

> **» Marie-Lin**
> Ein anderer Teil sind wir zwei!
> Dass wir uns haben!
> Wir sind ehrlich zueinander!
> Wir sind füreinander da!
> Wir zwei sind eins.
> Und das ist riesig!

> **» Marie-Lin**
> Ben war ein Freund von Nelson Mandela.
> Er hat mir erzählt, dass er nie wieder einen besseren
> Menschen kennengelernt hat.
> In seiner Wohnung hängen riesige Bilder und
> Zitate von Mandela.
> Über Bens Küchentisch hängt:
> „It always seems impossible until it's done!"

> **» Manou**
> Hääääää?

> **» Marie-Lin**
> „Es scheint immer unmöglich, bis es jemand getan hat!"
> Verstanden?

» Manou
Verstanden! Lass es uns tun!
Ich habe jetzt genau das richtige Alter!
Ich müsste nur noch herausfinden, wofür!

» Marie-Lin
Was? Du bist so was von verplant!

» Manou
Bin ich!

» Manou
Hey, ich habe es getan!

» Marie-Lin
Was? Was hast du getan?

» Manou
Schluss! Aus! Ich habe Jens heute angerufen
und habe Schluss gemacht mit ihm! Und weißt du was:
Ich fühl mich voll gut!
Ich hatte echt keine Lust mehr auf ihn!

» Marie-Lin
Oh nein. Nicht schon wieder!

Schatzi, du bist doch in ihn verliebt. Letzte Woche hast du mir die
Ohren vollgejault, dass er dich nicht angerufen hat. Und nun …?

» **Manou**

Letzte Woche! Das war eben letzte Woche!
Diese Woche hat es in meiner Birne endlich Klick gemacht.
Ich brauche diesen Typen nicht mehr. Basta! 💔

» **Marie-Lin**

Aber du bist verliebt in ihn.

» **Manou**

Na und? Ich verstehe ihn aber nicht.
Manchmal ist er wie ausgetauscht.
Von einer Sekunde zur anderen dreht er sich weg.
Setzt sich irgendwohin und schweigt.
Ich will ihm helfen, aber er lässt es nicht zu.
Ich verstehe das nicht.

» **Marie-Lin**

Vielleicht hat er Stress mit jemandem?

» **Manou**

Ja, vielleicht. Aber warum redet er nicht mit mir darüber?
Warum darf ich nicht ein Teil von ihm sein?
Wenn er es ernst meinen würde, dann würde er mit mir reden.
Tut er aber nicht.

» **Marie-Lin**

Frag ihn, warum.

» **Manou**

Mann, das habe ich schon so oft gefragt.
Jedes Mal in diesen sonderbaren Momenten.
Du kannst es dir nicht vorstellen. Wir lachen. Wir sind glücklich.

> **» Manou**
> Und auf einmal wendet er sich von mir ab.
> Ich will das nicht mehr.
> Ich lass nicht mehr zu, dass er das mit mir macht.

> **» Marie-Lin**
> Glaubst du, er liebt dich?

> **» Manou**
> Ich weiß es nicht. Er hat es noch nie gesagt.
> Aber manchmal denke ich schon.
> Und dann im nächsten Augenblick ist alles vorbei.
> Ich will das nicht mehr.

> **» Marie-Lin**
> Ok! Vielleicht hast du recht!
> Wir also beide Single – verliebt in die falschen Typen.

★ ★ ★

> **» Manou**
> Hm, schicke neue Jeans hast du. Cool!
> Mein Bruder würde sagen: Presswurst!
> Aber mal ehrlich, keinem steht Presswurst so gut wie dir!

> **» Manou**
> Hab heute auf dem Schulhof mit Jens geredet. Er war echt süß.
> Er macht mit ein paar Freunden im Vereinshaus
> von seinem Fußi-Klub eine Party.
> Meinst du, ich sollte hingehen?

> » **Manou**
> Ich glaube, ich sollte nicht gehen!
> Irgendwie hab ich es gerade geschafft,
> nicht dauernd nach ihm zu suchen in der Schule.
> Sicher keine gute Idee,
> dann wieder auf seine Party zu gehen.

> » **Manou**
> Die Typen sind echt fies:
> Bist du mit ihnen zusammen, behandeln
> sie dich blöd!Hast du dich von ihnen getrennt,
> scharwenzeln sie um dich rum und machen
> auf lieb! Ich verstehe das echt nicht!

> » **Manou**
> Oder sollte ich doch gehen?
> Ich würde gehen, wenn du mitkommst.
> Jens sagt, du bist auch eingeladen.
> Mann, hätte ich Lust, mit dir dort hinzugehen!
> Na ja! Bis später!

> » **Manou**
> Wo bist DU?

» **Marie-Lin**
Zu Hause. Hatte Konzertprobe. Handy aus!

Aber jetzt wieder da.
Mann, du bist immer noch so was von verliebt in Jens.
Dein Monolog sagt alles!

» Manou
Hallo? Verliebt bist du!
Ich bin frei – free, free, free!

» Marie-Lin
Ich auch!

» Manou
Blödsinn! Dir quatscht deine Birne doch alle 2 Minuten dazwischen. Ich weiß, wie es ist, wenn das Gehirn alle paar Minuten seinen Namen schreit. Dauernd Fragen stellt: Was er wohl gerade macht? Ob er auch an mich denkt? Kleinhirn an Großhirn: Verdammt, ich bin verliebt! Kleinhirn an Finger: Schreib seinen Namen! Mal ein Herz um unsere Namen! Oh Mann, Marie-Lin, du bist nicht free! Ich bin es! Du nicht! Glaubst du, ich sehe nicht, was du die ganze Zeit im Unterricht malst?

Der Typ ist wie eine Schranke in deiner Birne. Er blockiert dich. Sag endlich Ahoi! Segel woandershin! Jetzt sind bald Sommerferien, da siehst du ihn eh nicht. Vielleicht wird es dann besser????

» Marie-Lin
Wow! Was für eine Ansage! Halt dich da raus!
Nur weil Jens dich enttäuscht hat, muss Patrick ja nicht auch gleich ein Idiot sein. Ist er nämlich nicht!

» Manou
Ach so! Meine Güte, du machst doch nichts weiter, als ihn aus der Ferne anzuhimmeln. 😍

» Marie-Lin
Stimmt nicht! Wir hatten ein Date!

» Manou
Quatsch! Nein!

» Marie-Lin
Doch! Und es war voll klasse.
Krass! Genial! Klasse!

» Manou
Wann? Wo?

» Marie-Lin
Gestern. Er wohnt in Ottensen.
Wir haben uns in der Strandperle an der Elbe getroffen.

» Manou
Du warst mit Patrick in der Strandperle?
Ihr beide?

» Marie-Lin
Und Charlie! Er hat ein Bier getrunken. Ich nur eine Cola.

» Manou
Charlie?

» Marie-Lin
Patricks Hund Charlie!

» Manou
Ach ja. Der hat wohl nicht das Bier getrunken …

» Marie-Lin
Haha. Wir sind zusammen zu Fuß dorthin und zurück.
Er hat von sich erzählt. Er will Mathelehrer werden.
In der Schulbibliothek verdient er sich etwas Geld.
Abends jobbt er in einer Bar auf dem Kiez.
Er kommt ursprünglich aus Bayern.

» Manou
Wie dein Vater.

» Marie-Lin
Ja! Er rollt auch das R manchmal so.
Voll süß, wenn er spricht. Ich mag das.

» Manou
Und dann?

» Marie-Lin
Dann sind wir zu ihm gegangen.

» Manou
WOW!!!!!! Oh, oh! Oh, oh!

» Marie-Lin
Nix! Wir haben geredet. Wie das sein kann mit uns.

» Manou
Und? Wie kann das sein?

» Marie-Lin
Ich weiß es nicht.

» Manou
Du weißt es nicht!

In Florida haben sie gerade eine Lehrerin ins Gefängnis gesteckt, weil sie ein Verhältnis mit einem 8-Klässler hatte.
Sie war sogar schwanger von ihm.

» Marie-Lin
Was soll das, Manou? Patrick ist nicht mein Lehrer.
Er jobbt an unserer Schule, na und?
Außerdem wird man ja wohl vom Reden nicht schwanger!

» Manou
Ich habe Angst um dich. Angst, dass das richtig Ärger gibt.

» Marie-Lin
Ich kann nicht anders.
Ich glaube, wir beide können nicht anders.

» Manou
Was heißt das: IHR KÖNNT NICHT ANDERS?

» Marie-Lin
Wir haben uns verliebt!

» Manou
OH! Scheiße!

» Marie-Lin
Nein! Nix Scheiße! Glück! Glück! Glück!

» **Manou**
Ich hoffe es für dich!

Hab dich lieb. Bis später! 😘

» **Marie-Lin**
LIEBE! ❤️

» **Manou**
LIEBE! ❤️

★ ★ ★

» **Marie-Lin**
Hast du heute auf dem Schulhof die Story von Alana gehört?

» **Manou**
Nee. Was?

» **Marie-Lin**:
Man hat sie mit einer Alkoholvergiftung ins Krankenhaus gebracht.
Die haben ihren Magen ausgepumpt.

» **Manou**
Oh Gott! Und jetzt?

» **Marie-Lin**
Sie ist wohl wieder zu Hause. Aber das gibt richtig Ärger.
Es ist bei ihr zu Hause in der Wohnung passiert.
Sie hatte ein paar Typen aus der 10b eingeladen.

Ihre Eltern waren nicht da. Eigentlich wollten sie nur ein bisschen bei ihr chillen, aber auf einmal waren 40 Leute in der Wohnung.
Alana hat das wohl alles nicht mehr richtig gecheckt.
Irgendwelche fremden Typen haben die ganze Wohnung zerlegt.
Ich glaube, die Eltern müssen erst mal renovieren!

» Manou
Meine Eltern würden durchdrehen!

» Marie-Lin
Meine Mutter? Sie würde mich umbringen!
Ich könnte meine Sachen packen.

» Manou
Ich hasse diese Sauferei! Mit Alkohol werden alle beknackt! Blöde! Laut! Nervig! Warum tut man sich das an?

» Marie-Lin
Weil man versucht, die Erinnerung zu vertreiben.
Schöne Erinnerungen können dein Leben retten,
aber beschissene Erinnerungen können dich auch umbringen!

» Manou
Hey, was soll das? Was hat das mit Alkohol zu tun?

» Marie-Lin
Alanas Eltern haben sich getrennt. Ihr Vater lebt jetzt in Berlin.
Ihre Mutter hat einen neuen Freund, bei dem sie dauernd pennt.
Ihr Bruder studiert in Ungarn. Und Alana ist irgendwie übrig.
Sie ist total lost! Sie rennt immer mit dieser gefälschten ID-Card rum.
Alana kommt damit in alle Bars und kann in allen Supermärkten
Alkohol kaufen.

» Marie-Lin
Das ist so cool! Für 29,90 € kannst du dir im Internet
alle möglichen Ausweise bestellen.
Internationale Studentenausweise! Mitgliedsausweise. Alles!
Die sehen total echt aus. Du kommst überall damit rein!

» Marie-Lin
Sollen wir das auch machen?

» Manou
Ich weiß nicht. Um Alkohol zu kaufen? Ich brauche das nicht!

» Marie-Lin
Ich werde nächstes Jahr 16. Ich darf dann in die Disco.
Du nicht. Was dann?

» Manou
Das Gesetz erlaubt dir dann vielleicht, dass du in einige Läden
reinkommst, aber da wäre dann immer noch
deine „großzügige" Mutter! Schon vergessen?

» Marie-Lin
Nein! Hab ich nicht. Aber irgendwann werde ich es ignorieren.

» Manou
Ich brauch so ne gefälschte ID nicht.
Bis jetzt bin ich immer noch überall reingekommen.

» Marie-Lin
Ja, in die blöden Jugendklubs, in denen Jens abhängt.
Das ist aber nichts für Patrick. Abends auf dem Kiez
braucht man einen Ausweis.

» Manou
Ich nicht! Ich gehe nicht auf den Kiez!
Ich gehe jetzt zum Hockey!
Ich puste mir lieber dort die Birne frei.
Ich brauche das.
Du hast dein Klavier, ich meinen Hockeystick.
Tschüss!

» Marie-Lin
Keinen Ausweis?

» Manou
NEIN!

» Marie-Lin
Warte!
Frage: Findest du, es ist leicht, ein Teenager zu sein?

» Manou
Was? NEIN!

» Marie-Lin
Warum nicht?

» Manou
Weil ich mir zu oft die Frage stelle, ob ich glücklich bin.
Ich meine, so richtig glücklich.
Und meine Antwort viel zu oft NEIN lautet!
Ich meine, so richtig glücklich jedenfalls nicht.

» Marie-Lin
Wie meinst du das?

» **Manou**

Ich stelle mir mein Leben oft anders vor. Es ist
so wie mit einer Party: Erst freust du dich riesig
drauf, und wenn du dann da bist, ist es voll
langweilig.
Oder mit Klamotten: Manchmal wünsche
ich mir unbedingt irgendein cooles Teil,
und wenn ich's dann habe, liegt es rum.
So ist es oft auch mit dem Leben.
So als würde ich dauernd von außen zuschauen,
aber nicht richtig dabei sein und es genießen.
Dabei will ich mir mein Leben voll reinziehen,
aber ich schaffe es irgendwie nicht.
Jedenfalls selten. Verstehst du das?

» **Marie-Lin**

Ja. Ja, das verstehe ich total.
Und weißt du, was das Verrückteste dabei ist?
Ich bin dann irre traurig über mich selbst.
Enttäuscht darüber, dass ich mir nicht selbst in den Arsch trete
und aufs Glücksgas drücke! Aber ich kann nicht anders.

» **Manou**

18 Uhr Treffen im „Cliff"?
Wir geben Gas! Mal sehen, wer von
uns beiden Sekt ohne Ausweis bekommt.

» **Marie-Lin**

Keiner von beiden! Wetten?

» **Manou**

Ich will auch keinen! Bis später!

> **» Marie-Lin**
> Bis später!
> 18 Uhr. Ich bin da!

> **» Manou**
> LIEBE!

> **» Marie-Lin**
> LIEBE! ❤

★ ★ ★

> **» Marie-Lin**
> Glückwunsch!
> Ich bin so glücklich, dass du meine Freundin bist.
> Alles, alles Liebe zum Geburtstag! 🎂 🎁 🎉

> **» Manou**
> Wann kannst du kommen?
> Acht Kleider, die ich mir im Internet bestellt habe,
> sind da.  Du musst mich beraten.
> Sie sind so cool! Meine Eltern haben gesagt,
> ich darf mir 2 aussuchen. Den Rest schicke ich zurück.

> **» Marie-Lin**
> Nach dem Klavier. Ok?
> Ich fahre bei mir so um 17 Uhr los.

> **» Manou**
> Kannst du nicht früher?

> **» Marie-Lin**
> Nein. Ich muss spielen. Ich beeile mich.

> **» Manou**
> Ok.

★ ★ ★

> **» Manou**
> Jens hat mir einen Zettel zugesteckt, zu meinem Geburtstag.
> Er will sich mit mir treffen – nach der Schule – allein!

> **» Marie-Lin**
> Allein?

> **» Manou**
> Ja!

» **Marie-Lin**
Was will er?

» **Manou**
Ich weiß es nicht. Es ist mir peinlich.
Ich war gemein zu ihm.
Ich hätte am Telefon nicht so rumzicken sollen.
Und ganz ehrlich: Ich vermisse ihn! Ich habe angefangen, ihn zu vermissen, seitdem ich den Hörer aufgelegt habe.

» **Marie-Lin**
Das war klar! Ich weiß!
Ich habe es dir gesagt: Du bist immer noch in ihn verliebt.
Egal ob du es willst oder nicht!

» **Marie-Lin**
Schick mir mal die Nachricht!

» **Manou**
Hey Manou! Na, wie geht's?
Hab nachgedacht. – Sorry, es tut mir leid, dass ich manchmal so komisch bin.
Aber glaube mir, ich will das nicht.
Ich kann nichts dafür. Ich werde es dir irgendwann erklären.
Bitte, Manou, verzeihe mir.
Bitte, können wir uns treffen?
Ich muss mit dir reden. Allein. Bitte.
Dein Jens.

» **Manou**
Und nun?

> **» Marie-Lin**
> Du triffst dich mit ihm nach der Schule.
> Ist doch wohl klar.

> **» Manou**
> Ich weiß nicht …

> **» Marie-Lin**
> Ich aber! Du triffst dich mit ihm!

> **» Marie-Lin**
> Wo wollt ihr hin? Bloß nicht in irgendein enges Café,
> da kann euch jeder hören.

> **» Manou**
> Nein! Aber wo?

> **» Marie-Lin**
> Ich kann dir die Strandperle empfehlen!
> Da kann man sich zu zweit abseits auf einen Stein setzen.
> Und: Da triffst du höchstens Patrick und mich.

> **» Manou**
> Seid ihr da heute?

> **» Marie-Lin**
> Vielleicht! Wir gehen oft dahin,
> da ist eigentlich fast nie jemand,
> der uns kennt.

> **» Marie-Lin**
> Weißt du was, Manou? Wenn ich mit Patrick zusammen bin,
> wenn ich in seinen Armen liege, vergesse ich alles.
> Es ist, als wäre ich eine andere in diesem Moment.
> So als würde die Sonne auf mich scheinen,
> ich fühle mich so warm und frei.

> **» Manou**
> Wow!

> **» Marie-Lin**
> Mit ihm empfinde ich das Gegenteil von Gefangensein.
> Es sind die wenigen Momente in meinem Leben,
> in denen ich mich wirklich von ganzem Herzen mag.
> Endlich laufe ich mal nicht den anderen hinterher,
> sondern bin angekommen!

> **» Manou**
> Du bist so cool.
> Ihr müsst euer Versteckspiel aufgeben.
> Mal ehrlich, warum steht ihr nicht dazu?

> **» Marie-Lin**
> Wozu?

> **» Manou**
> Hmmmm!
> Denk mal nach:
> WOZU?

» Manou
Du sprichst so süß von ihm!
Er ist doch wirklich echt in dich verliebt,
also warum noch das Versteckspiel?

» Marie-Lin
Weil es nicht anders geht.
Weil meine Mutter es nicht verstehen würde.
Für sie bin ich immer noch die kleine Marie-Lin.
Ich bin echt froh, dass sie inzwischen wenigstens
geschnallt hat, dass ich ab und zu auf ne Party darf.
Außerdem: Auch wenn Patrick nicht mein Lehrer ist,
solange ich nicht 16 bin, soll es geheim bleiben.
Patrick und ich brauchen außerdem nicht die
Bestätigung von anderen. Es ist ok so, wie es ist.

» Manou
Das glaube ich dir nicht ganz.

» Marie-Lin
Warum nicht?

» Manou
Weil ich weiß, wie schön es ist, wenn man safe auf eine Party
geht. Also ich meine, wenn man weiß, dass jemand zu einem
gehört. Wenn man mit ihm tanzt und nicht wartet, bis irgend-
jemand fragt, den man scheiße findet.
Mal ehrlich, eigentlich ist es doch so oft blöd und langweilig
auf Partys. Alle spielen mit ihren Handys. Alle tun so,
als seien sie obercool. Alle warten darauf, dass etwas passiert,
was sowieso nicht passiert. Bin ich mit Jens unterwegs, brauche
ich nicht zu reden. Wir haben einfach nur uns und die Musik.
Das reicht!

> **» Marie-Lin**
> Wie bitte? Noch bist du nicht wieder mit Jens unterwegs!
> Erst musst du dich heute mit ihm treffen, und
> ihr beide müsst es wieder hinbekommen. Ok?

> **» Manou**
> Ok! Du hast recht. Ich meine ja mehr so allgemein.
> Also, wenn man mit einem festen Freund auf einer Party ist …

> **» Marie-Lin**
> Du weißt, ich hab nicht so die Mega-Partyerfahrung.
> Aber trotzdem weiß ich, was du meinst!
> Die anderen sehen dich mit einem Typen, und wenn
> ihr euch vor allen küsst, heißt das:
> ER gehört zu mir!

> **» Manou**
> Hmmm! 👆

> **» Marie-Lin**
> Küsse auf Partys sind wie Trophäen! 👄 🏆

> **» Manou**
> Ok! Wenn du es so nennen willst!
> Dann hol dir endlich deine Trophäen mit Patrick!

> **» Marie-Lin**
> Nein. Lass es!

> **» Manou**
> Ok! Zurück: Was soll ich anziehen, wenn ich
> mich mit Jens treffe?

> » **Marie-Lin**
> Die Krone wäre nicht schlecht für Fräulein Prinzessin!

> » **Marie-Lin**
> Quatsch! Bloß nicht zu schick. Ball flach: Klar?

> » **Manou**
> Klar! Jens steht eh nicht auf megaschick!

> » **Marie-Lin**
> Jeans & T-Shirt ist perfekt.
> Er soll nicht denken, dass du ewig
> seinetwegen vorm Spiegel gestanden hast.

> » **Manou**
> Werd ich aber trotzdem.

> » **Marie-Lin**
> Ich weiß!

> » **Marie-Lin**
> Als wir klein waren und zusammen im Kindergarten,
> da warst du auch schon immer anders.
> Wenn andere ihr Frühstück vergessen hatten,
> hast du ihnen deine Brote geschenkt.
> Wenn jemand geweint hat, hast du immer mit-
> geweint. Früher fand ich das immer total peinlich,
> aber heute finde ich es großartig.

> Neben dir wirken fast alle anderen gefühlskalt.
> Du bist echt die Einzige, die mich versteht.

» **Manou**
> Hey, was ist los?
> Was ist passiert? Was soll das?

» **Marie-Lin**
> Ich weiß nicht, aber Patrick will mich dauernd kontrollieren.
> Er will immer wissen, wo ich bin.
> Was ich mache.

» **Manou**
> Hä?????

» **Marie-Lin**
> Am Anfang fand ich das ja auch klasse.
> Ich habe es sogar genossen.
> Aber jetzt?

» **Manou**
> Was?

» **Marie-Lin**
> Ich will auch mit dir Zeit verbringen!
> Ich will niemandem erklären müssen,
> wann ich wo warum bin.
> Das reicht mir schon bei meiner Mutter!

» **Manou**
Er kontrolliert dich?
Was soll das?

» **Marie-Lin**
Ja! Der erste Satz, wenn er mir schreibt,
ist: Wo bist du?
Der zweite Satz: Wer ist bei dir?

» **Manou**
Das geht ja gar nicht. Warum?
Was soll das?

Aber irgendwie auch süß.
Er liebt dich eben.
Und er hat Angst, dich zu verlieren.

» **Marie-Lin**
Aber es nervt mich.
Ich will nicht kontrolliert werden.

» **Manou**
Dann sag es ihm.

» **Marie-Lin**
Hab ich.

» **Manou**
Und? 🙁

» **Marie-Lin**
Er hat versprochen, es nicht mehr zu tun.
Und fünf Minuten später hat er mich gefragt:
„Wer war eigentlich der Typ, der mit dir in der Bibliothek war."

» **Manou**
Ups!

» **Manou**
Wir waren im Café David am Grindel.
Jens hat mir ein kleines Armband mit Herz geschenkt.
Drei Knoten! Drei Wünsche!

» **Marie-Lin**
Was hast du dir gewünscht?

» **Manou**
Das darf man doch nicht sagen!

» **Marie-Lin**
Wie war er? Was wollte er?

» **Manou**
Ich kenne Jens jetzt seit über 11 Jahren.
Wir waren zusammen im Kindergarten in der Sonnengruppe
bei Frau Hoffmann. Ich war immer ein bisschen wie ein Junge.
Ich habe alles mitgemacht: Graben! Fußball! Roller!
Ich hatte nie Angst, mich dreckig zu machen.
Jens war schon damals mein Freund.
In der Grundschule waren wir auch Freunde.
Einmal waren wir zusammen Klassensprecher.

Aber verliebt war ich immer in diesen arroganten Jonas aus der 2b.
Jens als echten Jungen habe ich erst in der 7. Klasse
auf dem Gymnasium entdeckt. Also mich in ihn verliebt.
Du weißt alles über uns. Das Hin und Her.
Seit zwei Jahren klettern wir durch so eine Art Emo-Gebirge:
Rauf und runter!
Aber gestern war es anders. Ganz anders!

» Marie-Lin
Was war anders?
Was ist passiert?

» Manou
Er hat gesagt, dass immer wenn das Leben gerade scheiße läuft,
man an die Menschen denkt, die man wirklich mag.
Und dass er dann immer an mich denkt.
Dass ich es sei, die ihm wirklich wichtig ist!

» Marie-Lin
WOW! Das klingt gut.

» Manou
Ja. Er war echt so süß.
Mit niemandem (außer dir natürlich) bin ich so
vertraut wie mit Jens. Und zum ersten Mal hatte
ich das Gefühl, nicht kämpfen zu müssen.
Mich nicht verstellen zu müssen.

» Marie-Lin
Das Leben „scheiße läuft"?
Was meint er mit: „Wenn das Leben scheiße läuft"?

» **Manou**
Das ist es ja! Er möchte nicht mit mir darüber sprechen.
Er kann es nicht. Er sagt, er braucht Zeit.

» **Marie-Lin**
Das verstehe ich nicht. Hast du eine Ahnung?

» **Manou**
Nein! Ich weiß nur, dass ich ihn echt liebe.
Ich lasse ihm Zeit.
Es war so irre schön mit ihm.
Wir sind noch zu ihm gegangen.
Du kennst doch sein winziges Zimmer.

» **Marie-Lin**
Nein! Kenne ich nicht.

» **Manou**
Doch!
Wir haben zusammen für die Filmnacht
die Isomatte bei ihm abgeholt.

» **Marie-Lin**
Ich war bei ihm in den Grindel-Hochhäusern.
Aber nicht in seinem Zimmer!

» **Manou**
Jens hat ein Minizimmer. Aber saugemütlich.
Sein Vater hat ihm ein Hochbett von Wand zu Wand gebaut.
Eigentlich nur ein riesiges Brett mit Leiter unter der Decke,
mit Matratze, Fernseher und Boxen.
Darunter ein zweites Brett, und das ist sein Schreibtisch.
Das war's!

» Marie-Lin
Und du hast mit ihm am Schreibtisch gesessen?

» Manou
Nein!

» Marie-Lin
Sondern?

» Manou
Überleg mal scharf!

» Marie-Lin
AHHH!!!! Und dann?

» Manou
Wir haben geredet … 😊

» Marie-Lin
Geredet?

» Manou
Ja. Er will mitkommen zur Deutschen Hockeymeisterschaft nach den Sommerferien. Er will sehen, wie ich spiele. Er will bei mir sein. Mir die Daumen drücken. 👍

» Marie-Lin
Und dann?

» Manou
Dann plötzlich wusste ich nicht mehr, was ich sagen sollte.
Wir haben geschwiegen, und dann … hat er mich geküsst!

» Marie-Lin
Und? Wie war's?

» Manou
Na, was denkst du?

» Marie-Lin
Dass es der Hammer war??

» Manou
Absolut. Als wir zusammen dalagen, hat er mir
mit einem Kuli zwei Herzen auf die Hand gemalt.

» Marie-Lin
Was?

» Manou

» **Manou**

Es ist das schönste Gefühl, das ich je erlebt habe.
Alles hat gekribbelt in mir. Als würden kleine Männchen in mir
Fangen spielen. Meine Haut war so empfindlich wie noch nie.
Jens' Hand hat unter meinen Haaren meinen Nacken gestreichelt.
In diesem Moment war alles anders. Alles war mehr! Mehr Liebe.
Mehr Glück. Mehr Jens. Mehr wir. Das hört sich voll bescheuert
an. Aber so ist es! Seit heute weiß ich, dass ich zu ihm gehöre.

» **Marie-Lin**

Ihr seid echt süß zusammen. Ich verstehe dich.
Aber was ist jetzt mit deinem Geburtstag heute Abend?
Willst du lieber mit ihm alleine feiern?
Sag ehrlich. Sag den Mädelsabend ab!

» **Manou**

Nein! Ich habe einen Tisch in dem tollen neuen Burgerladen bestellt.
Es bleibt dabei. Jens' Mannschaft hat heute Abend ein wichtiges
Punktspiel. Er spielt zwar nicht mit, muss aber unbedingt dabei sein.

» **Marie-Lin**

Warum spielt er nicht?

» **Manou**

Keine Ahnung! Er sei irgendwie nicht fit.

» **Marie-Lin**

Er ist der Kapitän!?!?!

» **Manou**

Ja. Aber ich habe keine Ahnung.
Ich bin nicht sein Trainer.

» **Marie-Lin**
Nein! Aber endlich seine Freundin!

» **Manou**
Ja! Und das fühlt sich ziemlich gut an!

» **Marie-Lin**
Frage: Glaubst du, man muss bestimmte Dinge tun,
wenn man einen Freund haben will?

» **Manou**
Was für eine bescheuerte Frage!

» **Marie-Lin**
Überhaupt nicht! Denk doch mal nach.
Ich meine das total ernst.

» **Manou**
Nein! Man muss nicht bestimmte Dinge tun,
wenn man einen Freund haben will.
Ich würde bestimmte Dinge auch nicht tun.

» **Marie-Lin**
Aber guck doch mal.
Ich meine ja auch nicht Jungs wie Jens und Patrick.
Ich meine diese Wichtig-Typen – sie stehen nicht auf Mädchen,
wie wir es sind.

» **Manou**
Wir stehen ja auch nicht auf sie!

> **» Manou**
> Wobei – sie stehen nicht auf mich, aber auf dich sind alle heiß, auch wenn du es vielleicht nicht merkst. Ich weiß es!

> **» Marie-Lin**
> Komm, du weißt genau, was ich meine.
> Ich meine dieses „auf cool und unnahbar"-Machen.
> Von wegen: Wenn du mich magst, muss ich dich natürlich total langweilig finden. Die meisten Typen stehen drauf.
> Es scheint so eine Art Jagdsport zu sein!
> Und sagt erst mal einer: Hey, die ist heiß, finden es auf einmal alle!

> **» Manou**
> Ich will keine Dinge tun, nur um einen Freund zu haben!
> Was soll der Scheiß? Auf cool machen ist so was von uncool!

> **» Marie-Lin**
> Soll ich dir was verraten?
> Mädchen, die mit diesen Typen spielen und zusammen sind, sehen nur so aus, als seien sie glücklich.
> In Wahrheit sind sie es gar nicht, weil sie sich dauernd verstellen!
> Ben sagt immer: Erst einmal musst du lernen, dich selbst zu mögen.
> Erst dann bist du frei. Erst dann verlierst du deine Angst, Scheu und Unsicherheit. Und das macht glücklich!

> **» Manou**
> Klingt nach altem Mann!
> Aber ist wohl was dran!

» Marie-Lin
Ja! 😊
Also: bis heute Abend.

» Marie-Lin
LIEBE! ❤

» Manou
LIEBE! ❤

★ ★ ★

» Manou
Was war das denn bitte gestern Abend?

» Marie-Lin
Was meinst du?

» Manou
Die Sache mit Patrick. Was wollte er im Burgerladen? Das war doch kein Zufall, dass er ausgerechnet an diesem Abend zwei Tische weiter sitzt und auch da isst?

» Marie-Lin
Er sagt, es war Zufall!

» Manou
Und das glaubst du ihm? 😮

» Manou
Marie-Lin, hör auf, mich zu belügen.
Ich habe heute in der Schule gespürt, dass es dir nicht gut geht.
Was ist los? Was macht dieser Mann mit dir?

» Marie-Lin
Ich habe es dir doch erzählt.
Er ist ein Kontrollfreak!
Er will mich beschützen.

» Manou
Der spinnt doch!

» Marie-Lin
Erst habe ich so sehr um ihn gekämpft,
und er wollte diese Liebe nicht.
Und jetzt kämpft er eben um mich!

» Manou
Indem er dich verfolgt? 👿

» Marie-Lin
Manou, ich rede noch mal mit ihm.
Ich fand das im Burgerladen auch total daneben.
Andererseits – so ist Patrick nun einmal.
Er liebt mich.

» Manou
Ich glaube, der Typ hat ein Problem.

» Marie-Lin
Wir kriegen das hin.

» Manou
Na hoffentlich! Für dich!

» Marie-Lin
Ich sag doch, ich rede mit ihm.

» Manou
Sei mal ehrlich, wie oft denkst du an Patrick in einer Stunde?
1 bis 10.
10 bis 50.
50 bis 100.

» Marie-Lin
Was sollen diese Spiele?
Hör auf damit! Lass mich einfach in Ruhe.
Du verstehst mich nicht.
Was bist du für eine Freundin, die sich lustig macht über mich?

» Manou
Mann, es war ein Scherz.
Ich mache mich nicht lustig über dich.

» Marie-Lin
Ich hasse deine Scherze!

» Manou
Entspann dich mal! 😕

> **» Marie-Lin**
> Entspannen? Ich hechle nur noch durch mein Leben.
> Ich habe dauernd Angst. Angst, dass das mit Patrick und
> mir nicht funktioniert. Angst, dass meine Eltern sich
> trennen. Angst vor der Schule. Angst vorm Klavierspielen.
> Und meine größte Angst ist, meine Mutter zu fragen,
> was damals passiert ist. Sie nach ihrer Wahrheit zu fragen.
> Ich spüre, wie ihre Seele sich heißrennt!

> **» Manou**
> Du bist echt dein eigener Klotz an deinem eigenen Bein!
> Ich kann diesen ganzen Scheiß nicht mehr hören.
> Deine durchgeknallte Mutter!
> Und jetzt auch noch dieser verplante Typ!
> Du musst etwas unternehmen, um da rauszukommen.
> Befrei dich endlich!

> **» Marie-Lin**
> Ach, lass mich doch in Ruhe.
> Du verstehst mich sowieso nicht.
> So einfach ist das alles nicht. Hör auf, mir zu schreiben!
> So ne Freundin brauche ich nicht.

> **» Marie-Lin**
> Und hör auf mit: LIEBE!
> Ich will deine LIEBE nicht!

» **Manou**

Ich liege auf meinem Sitzsack und denke an dich!
Es tut so weh! Tränen statt Lachen!
Bauchweh statt Schmetterlinge!
Schlechtes Gewissen statt Freude!
Was kann ich tun, Marie-Lin? Ich vermisse dich, Marie-Lin!
Zum ersten Mal spüre ich, was es heißt, eine beste Freundin zu haben. Ich fand es immer so normal. So einfach! So selbstverständlich. Ich hatte vergessen, was es heißt, dich als beste Freundin zu haben. Ich hatte vergessen, was für ein Glück es ist, dich zu haben.
Seit du mich auf dem Schulhof ignorierst, denke ich, ich sterbe. Ohne Scheiß: Ich habe heute auf dem Klo geheult.
Bitte, bitte sag mir, was ich tun soll, damit du mir verzeihst.
Bitte, bitte! Ich vermisse dich! Gestern Nacht konnte ich nicht einschlafen. Ich habe mir alte Fotos von uns angeschaut.
Es ist so leicht, irgendwelche Leute in der Schule zu finden, die mit einem abhängen. Aber jetzt ist mir klar, wie schwer es ist, jemanden zu finden wie DICH!
Ich wäre so stolz, wenn du mich um Hilfe bitten würdest! Bitte, lass mich wieder rein in dein Leben! Lass mich wieder deine Freundin sein!
Immer, deine Manou
PS: Ohne dich haben meine Tage keinen Sinn. LIEBE!

> » **Manou**
> Hey, immer noch sauer?

> » **Manou**
> Hast du meinen Brief bekommen?

> » **Manou**
> Mann, es tut so unglaublich weh! Bitte melde dich doch!

> » **Manou**
> Ok! Dann schreibe ich dir eben einfach so.
> Ohne dass du mir antwortest!
> Ich bin so eine Art Lautsprecher, der auf MONO geschaltet ist.
> So schnell wirst du mich nämlich nicht los!
> Ich bin deine Freundin. Klar?
> Solange du mir nicht kündigst, hast du mich an der Backe!
> Verstanden? Ich habe so eine Art FESTANSTELLUNG bei dir!
> Mit Kündigungsschutz! Klar?

> » **Manou**
> Ich würde dich so gerne in den Arm nehmen! Bitte, ich vermisse dich so sehr! Bitte, lass uns treffen! Bitte! Ich kann mich gar nicht mehr konzentrieren. Dauernd denke ich an dich. Ich habe ein so schlechtes Gewissen. Bitte gib mir die Chance, mich bei dir zu entschuldigen!

» Manou
Warum warst du heute nicht in der Schule?
Was ist los? Bist du krank? Kann ich dir helfen?

» Marie-Lin
Du mir helfen? Verpiss dich!

» Manou
Hey, was soll das? Langsam reicht es.

» Marie-Lin
Du hast wahrscheinlich auch gequatscht.
Und dir habe ich vertraut.
Ich will dich nie wiedersehen!

» Manou
Hey, hör auf mit dem Quatsch.
Was habe ich erzählt?
Warum warst du nicht in der Schule?
Bitte glaube mir, ich habe mit niemandem
über irgendwas geredet.

» Marie-Lin
Ich kann nicht. Ich habe Angst.

» Manou
Wovor?

» Marie-Lin
Vor allem. Vor dem Leben.
Davor, dass alles vorbei sein soll.

> **» Manou**
> Was?

> **» Marie-Lin**

Na das!

Staatsanwaltschaft Hamburg
Gorch-Fock-Wall 15
20355 Hamburg

Staatsanwaltschaft
Hamburg

Herrn Patrick Schubert, geb. 26.11.1997
Vorladung zur Vernehmung

Sehr geehrter Herr Schubert,

hiermit bitten wir Sie gemäß § 163a, Absatz 3 StPo am Donnerstag, 23.06., auf die Wache 13, Hamburg, Bundesstraße 23, zur Vernehmung zu kommen.
Es liegt nach § 174 (sexuelle Handlungen an Schutzbefohlenen) eine Anzeige gegen Sie vor.
Noch hat die Staatsanwaltschaft Hamburg kein Ermittlungsverfahren gegen Sie eingeleitet. Zur Klärung der Vorwürfe bitten wir Sie um eine Aussage.

gez. PW Ahrensen
(PK 13, Polizei Hamburg)

» Manou
Oh mein Gott!
Bitte, bitte glaub mir, ich habe damit nix zu tun!
Ich schwöre es.
Du musst mir glauben,
ich habe niemandem von euch erzählt.

» Marie-Lin
Aber niemand außer dir wusste davon.

» Manou
Aber mich haben Kim und Marlene
sogar drauf angesprochen,
und ich hab's geleugnet!

» Marie-Lin
Kim & Marlene?

» Manou
Ja, du hast vor ein paar Tagen
bei WhatsApp ein Foto von dir
und Patrick in deiner Maske gehabt.

» Marie-Lin
Oh nein!

» Manou
Doch, sie haben es mir gezeigt.
Sie wollten wissen, was das soll.

» **Marie-Lin**
Und?

» **Manou**
Ja, was und?
Ich hab nix gesagt. Es sei ein Scherz.
Ich habe mir auch nicht viel dabei gedacht,
sonst hätte ich es dir doch gesagt.

» **Marie-Lin**
Du hast dir nix dabei gedacht!

» **Manou**
Ich habe das Foto da schließlich nicht reingestellt!
Und wer kann denn ahnen, dass es gleich eine Anzeige gibt …
Außerdem hast du es dann ja auch wieder rausgenommen.

» **Marie-Lin**
Es war eine Art Mutprobe.
Ich wollte Patrick beweisen, dass ich zu ihm stehe.
Dass ich ihn liebe.
Wir haben beide für ein paar Minuten Fotos
von uns in die Maske gestellt.
Wir haben uns totgelacht!
Es war meine Idee.

» **Manou**
Und nun?
Was heißt das?
Was bedeutet der Brief von der Staatsanwaltschaft?

» Marie-Lin
Ich weiß es nicht.
Bitte sprich mit niemandem darüber.

» Manou
Du kannst dich auf mich verlassen.

» Manou
Woher hast du den Brief von der Staatsanwaltschaft?

» Marie-Lin
Von Patrick.

» Manou
Aber wer hat ihn angezeigt?
Kim & Marlene?
Das glaube ich nicht.
Nur wegen eines Fotos? Nein. Niemals.
Die sind viel zu blöde für so eine Aktion!

» Marie-Lin
Vielleicht meine Mutter?

» Manou
Deine Mutter??
Wieso glaubst du das?

» Marie-Lin
Sie hat in meinem Handy geschnüffelt.
Ich hatte es noch an.
Sie hat alles gelesen.

» **Manou**
Was hat sie gelesen? 😬

» **Marie-Lin**
Alles. 👽

» **Marie-Lin**
Alles, was Patrick und ich uns so geschrieben haben.
Unseren Chat.

» **Manou**
Oh nein! 💩

» **Manou**
Aber es ist nicht verboten,
sich mit einem Studenten zu schreiben.

» **Manou**
Mein Patenonkel ist Anwalt.
Wir gehen zu ihm. Ok?

» **Marie-Lin**
Ich kann nicht.
Ich kann nicht darüber sprechen.
Ich habe meine Mutter so sehr enttäuscht.

» **Manou**
Jetzt hör mal auf mit deiner Mutter.
Sie hätte mit dir reden sollen,
anstatt Patrick einfach anzuzeigen.
Wie bescheuert war das denn bitte?!

» **Manou**
Lass uns zu meinem Patenonkel gehen und reden.
Du musst dich und Patrick schützen.
Ihr habt nichts Verbotenes getan!

» **Marie-Lin**
Ich weiß es nicht.

» **Manou**
Du weißt es nicht????
Hast du Alzheimer? 😲

» **Marie-Lin**
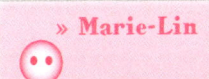

» **Marie-Lin**
Wir haben nichts getan!
Nichts, was strafbar ist!

» **Manou**
Ich gehe zu meinem Patenonkel
und frage ihn, was man tun kann.

» **Marie-Lin**
Wir haben nur geknutscht, ehrlich!

» **Manou**
Hast du mit Ben drüber geredet?

» **Marie-Lin**
Ja!

» Manou
Und?

» Marie-Lin
Er will mit meiner Mutter reden.

» Manou
Und Patrick? Was sagt er?

» Marie-Lin
Er ist fix und fertig.
Ich habe ihn in diese Situation gebracht.

» Manou
Du hast gar nichts.
Du hast dich verliebt.
Und er sich auch.

» Manou
Eine Frage musst du mir noch ehrlich beantworten:
Habt ihr? Oder habt ihr nicht?

» Marie-Lin
Was?

» Manou
Na was wohl!

» Marie-Lin
Nein!

» Marie-Lin
Wir haben uns geküsst.
Mehr noch nicht!

» Manou
Außerdem – auch wenn – habe ich das hier im Netz gefunden:

> „Sexuelle Handlungen Volljähriger an Kindern unter 14 gelten als Missbrauch. Dabei drohen Freiheitsstrafen zwischen sechs Monaten und zehn Jahren."

» Manou
Und deinen 15. Geburtstag haben wir ja wohl schon längst gefeiert!
Also, wo ist das Problem?

» Marie-Lin
DAS IST DAS PROBLEM:

> „Sex mit schutzbefohlenen Personen unter 16 Jahren, die jemandem zur Erziehung, Ausbildung oder zur Betreuung in der Lebensführung anvertraut sind, ist verboten, ebenso auch Sex mit leiblichen oder angenommenen Kindern unter 18 Jahren. Im Falle eines Verstoßes kann eine Geldstrafe oder eine Freiheitsstrafe bis zu fünf Jahren verhängt werden."

» Marie-Lin
Ich google seit Tagen diese Scheiß-§!

» Manou
Aber er ist nicht dein Lehrer oder so was, und ihr hattet keinen Sex!

» Marie-Lin
Ja! Das hat Patrick auch alles gesagt.
Er war auch nicht als Betreuer auf einer Reise
bei uns mit oder so was.

» Manou
Ich bin bei dir.
Immer.
Immer & immer an deiner Seite.

» Marie-Lin
Ich habe dich so sehr vermisst.
Glaub mir, Patrick und ich, das ist etwas ganz Besonderes.
Ich liebe ihn wirklich.
Trotz allem.

» Manou
Ich verstehe dich.
Kopf hoch.
Ich muss jetzt los. Hockey.
Melde mich später.

» Manou
LIEBE! ♥

» Marie-Lin
…!

» Manou
Komm, schreib es!

» Marie-Lin
LIEBE! ♥

» Manou
LIEBE! ♥

★ ★ ★

» Marie-Lin
Manou!!!!

» Marie-Lin
Wo bist du?

» Manou
Du hast mich aus der Dusche geholt.
Was ist los?

» Marie-Lin
Patrick! Ich glaub, es ist aus.
Er meldet sich nicht mehr.
Ich kann ihn nicht erreichen.

» Manou
Quatsch.
Er hat Angst wegen der Anzeige.
Versteh das mal!

» Marie-Lin
Das Foto, das ich von ihm gemacht habe an der Elbe, ist bei WhatsApp weg.
Er hat Charlie auf einmal als Foto oben.

» Manou
Wann ist der Termin zur Vernehmung bei der Polizei?

» Marie-Lin
Der war schon. Gestern.
Aber ich kann ihn seitdem nicht mehr erreichen.
Er geht nicht mehr an sein Handy.

» Manou
Soll ich ihn von meinem Handy anrufen?
Er kennt meine Nummer nicht.

» Marie-Lin
Es tut so weh. Ich fühle mich, als wäre ich gefoult worden.
Ich bin raus aus dem Spiel.
Man hat mich einfach auf die Reservebank gesetzt.
Ende.
Vorbei.

» Manou
Warte.
Ich bin mir sicher, er wird sich melden.

» Manou
Sag schon: Soll ich ihn anrufen von meinem Handy?

» **Marie-Lin**
Nein! Das ist peinlich!

» **Manou**
Ich muss los, habe meinen ersten Termin beim Frauenarzt.
Das ist peinlich! Grusel!
Drück mir die Daumen.

» **Marie-Lin**
Nein! Hab keine Angst.

» **Manou**
„Hab keine Angst!"
Says who?
Bis später!

» **Manou**
Allegra ist so eine bitch!
Sie war gestern auch auf der Party
von Jens und Leon im Vereinshaus.
Erst hat sie mit ihrem Bauch-frei-ich-bin-
so-sexy-T-Shirt wie eine fiese Schlange getanzt.
Natürlich musste sie dabei dauernd ihren runterge-
rutschten pinken BH-Träger wieder hochziehen.
Und dann hat sie sich mit Apfelkorn vollgeschüttet.
Mann, die ist so widerlich! Jede Woche
datet sie einen anderen Typen.

» **Manou**

Grusel! 😷
Der Fußballtrainer wollte ihre Eltern anrufen,
aber Jens hatte Angst, dass es dann tierisch Stress gibt.
Um neun war die Party wegen dieser  gelaufen.
Jens hat sie nach Hause gebracht.

» **Marie-Lin**

Weil er keinen Stress wollte,
nicht weil er sie heiß findet.

» **Manou**

Woher willst du das wissen?

» **Marie-Lin**

Mann, Jens und Leon stehen doch nicht auf so eine.
Allegra ist nur peinlich. Die Jungs lachen über sie.
Neulich hat sie ein Video von sich in die Gruppe gestellt.
Sie will Frau Menke davon überzeugen, dass wir in Sport alle Hip-Hop tanzen sollten, anstatt Volleyball zu spielen.
Du warst nicht da an dem Tag, aber in der Regenpause haben die Jungs sich laut johlend immer wieder ihr Video angeschaut:
Allegra, wie sie vor einem riesigen goldenen Spiegel im Haus ihrer Eltern tanzt. Natürlich in Hotpants, und natürlich kam ihre Ich-bin-so-supersexy-Arschbacke dabei dauernd zum Vorschein!
Leon hatte so einen Handy-Aufsatz dabei, und sie haben es im Klassenzimmer damit an die Wand geworfen. Allegra ist
aber so was von durch.
So was von megadurch!
Sicher!

» Manou
Ich hasse sie!

» Marie-Lin
Wegen der Party?

» Manou
Nein!
Die blöde Kuh screenshotet immer meine Selfies auf Snapchat.
Und verschickt sie dann weiter.
Um mich zu ärgern.

» Marie-Lin
Warum schickst du Allegra snapshots?

» Manou
Mann, es war ein Spaß am Anfang der Party.
Da wusste ich nicht, dass sie die speichert.
Bitch!

» Marie-Lin
Lass uns nicht über die blöde Bitch reden.

» Marie-Lin
Was ist mit Jens?

» Manou
Nix! Was soll sein? Es ist wieder so, als gäbe es
einen unsichtbaren Abstandhalter zwischen uns.
Wir sehen uns, und irgendetwas macht plötzlich Klick!
Es ist, als würde an seinem Herzen ein Seil zerren,
das ihn nicht zu mir lässt. Ich verstehe es nicht!

» Marie-Lin
Scheiße!

» Manou
Aber was ist mit Patrick?
Hat er sich gemeldet?

» Marie-Lin
Er hat sich gemeldet.

» Manou
Und das erzählst du mir jetzt???

» Marie-Lin
Er musste noch mal zur Polizei.
Ein älterer Beamter hat lange mit ihm gesprochen.
Der war total nett. Er hat ihn noch einmal befragt.
Wie lange wir uns schon kennen und so.
Aber Patrick ist erst seit 3 Monaten überhaupt in Hamburg.
Sie wollten natürlich wissen, ob wir uns schon vor
meinem 14. Geburtstag kennengelernt haben. Ist ja klar.
Haben wir aber nicht!
Und ob er mich in Vertretung unterrichtet hat.
Hat er auch nie!

» Manou
Und dann?

» Marie-Lin
Und dann hat der Beamte ihm erzählt, dass es sein allerletzter Tag im
Dienst vor seiner Pensionierung sei.

Sie haben sich fast 2 Stunden unterhalten.
Der Beamte hat Patrick erzählt, dass er seine Frau
auch in der Schule kennengelernt hat.
Und dass sie damals auch erst 15 Jahre alt war.
Er hat ihn verabschiedet mit den Worten:
Viel Glück, junger Mann!

» Manou
Oh mein Gott! Das ist doch wunderbar!

» Marie-Lin
Ja, das ist es!

» Manou
Und habt ihr euch schon gesehen?

» Marie-Lin
Nein!

» Manou
Warum nicht?

» Marie-Lin
Ich weiß es nicht.
Er will nicht.
Er geht wieder nicht an sein Handy.

» Manou
Und deine Mutter?

> » **Marie-Lin**
> Wir haben geredet. Lange.
> Sie hat zugegeben, dass sie es war,
> die Patrick angezeigt hat. 👊

> » **Manou**
> Wie bescheuert muss man sein,
> um so etwas zu tun?

> » **Marie-Lin**
> Mein Vater hat von London aus mit ihr telefoniert.
> Sie weiß, dass das echt scheiße von ihr war.

> » **Manou**
> Sie soll dich in Ruhe lassen!
> Es ist dein Leben! Du entscheidest,
> mit wem du zusammen bist.
> Nicht sie!

> » **Manou**
> Sag ihr, falls sie sich weiter einmischt,
> schmeißt du alle deine Klaviernoten ins Altpapier!
> Verstanden?
> Oder ich mache es!

> » **Marie-Lin**
> Hmmm! Das würde ihr richtig Freude bereiten!!

> » **Manou**
> Und was würde dir gefallen?

> **» Marie-Lin**
> Mit dir was essen gehen!

> **» Manou**
> Na klar! Stunden ohne mich sind zwar möglich, aber wer will das schon?

> **» Marie-Lin**
> Du bist so was von durchgeknallt!

> **» Manou**
> 18 Uhr an der U-Bahn Hallerstraße! Ich bin da!

> **» Marie-Lin**
> Ich auch!

> **» Marie-Lin**
> LIEBE! ♥

> **» Manou**
> LIEBE! ♥

★ ★ ★

> **» Marie-Lin**
> Für die Klassenreise will Herr Voght doch die Kopien unserer Ausweise haben. Ich habe eben meinen Ausweis im Schlafzimmer meiner Eltern in einer Schublade gesucht. Dabei habe ich etwas Sonderbares gefunden.

» **Manou**
Was?

» **Marie-Lin**
Ein Brief von meiner Mutter an meinen Vater.
So eine Art Abschiedsbrief. Ich weiß es nicht.
Sie schreibt, dass sie nicht mehr kann
und ich ja jetzt alt genug sei, um alleine
klarzukommen! Ich versteh das alles nicht.

» **Manou**
Was?
Hast du den Brief abfotografiert?

» **Marie-Lin**
Nein! Ich konnte ihn noch nicht mal zu Ende lesen.

» **Manou**
Das musst du aber. Wo ist dein Vater?

» **Marie-Lin**
Immer noch in London. Dienstreise.

» **Manou**
Wo ist deine Mutter?

» **Marie-Lin**
In der Küche. Sie kocht etwas.

> **» Manou**
> Du musst etwas tun!

> **» Marie-Lin**
> Was denn?

> **» Manou**
> Schnapp dir den Brief und zeig ihn Ben. Vielleicht weiß er, was zu tun ist!

> **» Marie-Lin**
> Ich habe Angst.

> **» Manou**
> Das verstehe ich. Soll ich zu dir kommen?

> **» Marie-Lin**
> Ja! Komm schnell!

> **» Marie-Lin**
> Wo bist du?

> **» Marie-Lin**
> Ich denke, du wolltest herkommen?

> **» Marie-Lin**
> Was ist los?

> **» Marie-Lin**
> Wo bist du?

★ ★ ★

> **» Manou**
> Mich hat so eine blöde Tussi mit ihrem BMW umgesemmelt.
> Ich bin auf dem Fahrradweg gefahren.
> Sie kam aus einer Einfahrt an der Hochallee. Voll umgemäht!
> Die glauben, dass meine Nase gebrochen ist.
> Ich blute voll. 😮👃👎
> Mein Fahrrad ist Schrott.

> **» Marie-Lin**
> Was?

> **» Manou**
> Mach dir keine Sorgen. Ich bin ok.
> Aber sie haben einen Krankenwagen gerufen! 🚑

> **» Marie-Lin**
> Ich dreh durch!

> **» Manou**
> Entspann dich.
> Nur zur Vorsicht. Meine Nase röntgen oder so.
> Bleib cool!

> **» Manou**
> Ich komme klar. Aber was ist mit deiner Mutter?

» **Marie-Lin**
Wir haben gerade zusammen gegessen.
Sie hat nix gesagt. 🙁

» **Manou**
Du musst deinen Vater anrufen.
Und fotografiere endlich diesen verdammten Brief ab
und zeig ihn Ben.

» **Marie-Lin**
Ja. Ich versuche es.

» **Manou**
Und schicke ihn mir. Ok?
Ich bin mir sicher, meine Birne ist ok.
Ich weiß nur nicht, was Heidi jetzt zu meiner Nase sagen wird.

» **Marie-Lin**
Heidi?

» **Manou**
Heidi Klum!

» **Marie-Lin**
Du bist die verrückteste Person, die ich kenne.
Du wirst angefahren und machst immer noch Witze.
Ich wünschte, ich hätte deinen Mut!

» **Manou**
Den hast du! Du musst ihn nur rauslassen! Jetzt!
Los, fotografiere den Brief ab.

> **» Manou**
> LIEBE! ♥

> **» Marie-Lin**
> LIEBE! ♥

★ ★ ★

> **» Marie-Lin**
> Ich hab's getan! Ich habe den Brief. ✉
> Hier!

> **» Marie-Lin**
>
> Lieber Gerd,
>
> ich kann nicht mehr. Ich muss gehen. Marie-Lin ist nun schon 15 Jahre alt. Sie braucht mich nicht mehr.
> Ich liebe euch sehr. Aber ich muss trotzdem gehen!
> Ich habe dir niemals erzählt, warum ich aufgehört habe, Klavier zu spielen. Ich habe mich die ganze Zeit hinter einer Lüge versteckt.
> Es war Sommer. In New York war es damals irre heiß. Ich hatte bereits das Engagement bei den Philharmonikern. Wir beide waren so unglaublich verliebt. Ich spürte bereits, wie mein Körper sich

durch die Schwangerschaft langsam veränderte. Erinnerst du dich an unser kleines Apartment in Soho?

Es war ein Wochenende, als ich zu meinen Eltern fuhr. Ich war so stolz, so glücklich, und dennoch hatte ich Angst, ihnen zu sagen: Ich bin schwanger!

Schwanger - bedeutete es das Ende meiner Karriere? Nein! Es war viel schlimmer: Es bedeutete das Ende der Liebe meiner Eltern zu mir!

Sie konnten und wollten nicht verstehen, dass ich alles aufgeben würde - nur für ein Baby mit dir! Ich musste mich entscheiden: Sie oder das Baby! Aus Trotz habe ich ihnen an diesem Nachmittag geschworen, dass ich niemals wieder Klavier spielen würde.

Es war absolut richtig, dass ich mich für Marie-Lin und für dich entschieden habe!

Aber seit diesem Tag haben meine Eltern nicht mehr mit mir gesprochen.

In ihren Augen habe ich alles zerstört, wofür sie so lange und so hart gearbeitet hatten.

Ich habe mir meinen Trotz niemals verziehen.

Nach dem Tod meiner Eltern habe ich mir geschworen, dass ich es wiedergutmachen werde. Dass Marie-Lin für mich weiterspielen wird.

Aber inzwischen weiß ich, dass das nicht richtig ist. Ich darf sie nicht zwingen. Sie muss ihr eigenes Leben leben. Es tut mir so unendlich leid, was ich all die Jahre getan habe.

> Es gibt Menschen, die sich besser fühlen, wenn es ihnen schlecht geht. Die alles tun, damit es ihnen nicht besser geht. Vielleicht gehöre ich seit diesem Sommer in New York zu dieser Sorte Mensch!
>
> Ich kann es nicht ertragen, meine Träume zu verwirklichen, denn ich habe die Träume meiner Eltern zerstört.
>
> Bitte verzeih mir, wenn ich auch dein und das Leben von Marie-Lin damit belastet habe.
>
> Ich bitte dich, lasst mich frei.
>
> In Liebe,
>
> Deine Siara
>
> PS: Zeige Marie-Lin diese Zeilen niemals Bitte! Erkläre ihr mit deinen Worten das Geschehene.

» Marie-Lin
Hast du ihn gelesen?

» Manou
Ja! Verrückt.
Ich verstehe das alles nicht! Warum musste sie sich entscheiden? Warum haben ihre Eltern sich nicht über ein Enkelkind gefreut?

> **» Marie-Lin**
Wir können das nicht verstehen.
Chinesische Mütter sind anders.
Meine Mutter hat mir mit 6 Jahren ein Buch geschenkt,
mit den Worten: „Lies das! Das war meine Kindheit!"
Immer wieder waren dort Regeln.

1.
Eine Zwei im Zeugnis ist eine schlechte Note!

2.
Chinesische Kinder müssen in Mathe den Mitschülern gegenüber immer 2 Jahre voraus sein.

3.
Man darf sie nie öffentlich loben.

4.
Die einzige Freizeitbeschäftigung sollte die sein,
die eine Medaille einbringt.

5.
Und diese Medaille sollte aus Gold sein!

> **» Manou**
Das klingt ja grauenvoll!

> **» Marie-Lin**
Das war es sicher auch für sie.
In der Kultur ihrer Eltern drehte sich alles nur darum,
dass sie die Beste werden sollte.

» Manou
Oh mein Gott. Sie tut mir so leid.

» Marie-Lin
Ich weiß, dass ihr Vater sie, als sie noch klein war, einmal für drei Tage in ihr Zimmer gesperrt hatte. Nur mit Wasser versorgt. Zur Strafe, weil sie sich bei einem Mozartstück ein paarmal verspielt hatte.

» Marie-Lin
Ich habe von meiner Mutter die Biografie des chinesischen Starpianisten Lang Lang zum Geburtstag bekommen. Ich habe geweint, als ich die Beschreibung seiner Kindheit gelesen habe.

» Manou
Du musst deiner Mutter helfen.
Hast du deinen Vater erreicht?

» Marie-Lin
Ja, er landet heute Abend aus London.
Ich habe aber noch nix gesagt.

» Manou
Du musst ihm diesen verdammten Brief zeigen.
Verstehst du?

» Marie-Lin
Ich weiß nicht.

> » **Manou**
> Bitte. Du musst es tun.

> » **Marie-Lin**
> Soll ich zu dir ins Krankenhaus kommen?

> » **Manou**
> Nein!
> Meine Mutter ist hier.
> Mir geht es gut.
> Nur eine Nacht, dann darf ich nach Hause.

> » **Marie-Lin**
> Woher nimmst du nur die Kraft?
> Du Tier! Du bist meine Heldin

> » **Manou**
> Jetzt musst du die Heldin sein.
> RETTE DEINE MUTTER!

> » **Marie-Lin**
> Ich schaffe das!
> Ich muss es schaffen!
> Ich liebe sie!

> » **Manou**
> DU MUSST!
> UND DU KANNST!
> DU KANNST EUCH BEIDE RETTEN!
> Glaub mir!

> **» Marie-Lin**
> Aber wie?

> **» Manou**
> NIMM DEN BRIEF UND GEH RUNTER ZU BEN!

> **» Marie-Lin**
> Das mache ich.

> **» Marie-Lin**
> LIEBE! ♥

> **» Manou**
> LIEBE! ♥

★ ★ ★

> **» Manou**
> Was hat Ben gesagt?

> **» Marie-Lin**
> Ich habe bei ihm geklingelt. Aber er war nicht da.
> Ich habe ihm einen Zettel unter der Tür durchgeschoben.
> Ich bin mir sicher, er ruft mich an.

> **» Marie-Lin**
> Ich schick dir den Zettel.

Lieber Ben,

ich habe bei dir geklingelt. Leider bist du gerade nicht da, aber ich muss dringend mit dir reden!

Mein Leben gibt sich Mühe mit mir, aber ich komme nicht klar: Ben, ich weiß nicht, was ich tun soll!

Ich brauche deinen Rat!!!!

Bitte, bitte ruf mich an.

Deine Marie-Lin.

> **» Marie-Lin**
> Frage:
> Wie soll die Gedenkfeier für dich aussehen,
> wenn du eines Tages tot bist?
> Was sollen sie dir anziehen, wenn du im Sarg liegst?
> Welche Musik soll gespielt werden??
> Und wer von deinen Freunden weint wohl am meisten?
> Ich würde so gerne den Sargdeckel noch einmal öffnen
> können und nachschauen!

> **» Manou**
> Scheißfrage! Neue Frage!

» Marie-Lin
Nein! Das ist eine gute Frage.
Ich habe da schon oft drüber nachgedacht.
Ich will, dass sie mir meine schwarze Lieblingsleggings anziehen
und die weiße Bluse, die mit dem Stehkragen.

» Marie-Lin
Glaubst du, dass die einen auch schminken?

» Manou
Klar schminken die einen.
Stell dir mal bitte gerade meine Nase vor.
Das will niemand sehen! Klar,
bitte unbedingt schminken!

» Manou
Und wer soll eine Rede halten?

» Marie-Lin
DU natürlich!
Du bist die Einzige, die mich wirklich kennt.

» Manou
Und Patrick?

» Marie-Lin
Ich weiß nicht.

» Marie-Lin
Mein Handy klingelt.
Ich glaube, es ist Ben.
Muss Schluss machen.

> » **Marie-Lin**
> Das war er wirklich, ich lauf schnell runter.
> Soll ich ihm echt alles erzählen?

> » **Manou**
> Mann, ich kenne ihn nicht, aber du sagst doch immer, er sei so verständnisvoll. Er wird schon wissen, was du tun sollst, wenn er so schlau ist, wie du immer sagst. Oder frag ihn, was sein Freund Mandela gesagt hätte. 😉

> » **Marie-Lin**
> Mach ich!
> Tschüss!
> Bis später!

> » **Manou**
> Ahoi!!!!

> » **Manou**
> Hey! Sie haben mich entlassen!
> Meine Mutter und ich fahren jetzt nach Hause.
> Die ganze Zeit haben sie darauf gewartet,
> ob ich kotze, von wegen Gehirnerschütterung.
> Die ganze Zeit war nix. Aber jetzt! Jetzt könnte ich echt kotzen! Stell dir vor, ich soll eine Woche keinen Sport machen! Eine Woche kein Hockey! Ich dreh durch!
> Ich habe am Wochenende ein ganz wichtiges Spiel!

> **» Marie-Lin**
> Hättest mal doch lieber Klavierspielen lernen sollen.
> Das kann man immer.

> **» Manou**
> Ich und Klavier!

> **» Marie-Lin**
> Ja! Du hast lange Finger!

> **» Manou**
> Das ist aber auch alles!
> So ein Scheiß!

> **» Manou**
> Was ist mit Ben? Wie war's?

> **» Marie-Lin**
> Ich war 2 Stunden bei ihm.
> Wenn er nicht so alt wäre, könnte man sich echt in ihn verlieben. Jedenfalls in seine Worte. Seine Sätze.
> Geil!

> **» Manou**
> Iiiihhhhhhhhgitttttt!

> **» Marie-Lin**
> Weißt du, es gibt Menschen, deren Worte sind wie ein Lasso, das dich rettet.

» Manou
Was nun? Was hat er gesagt?
Hast du ihm den Brief von deiner Mutter gezeigt?

» Marie-Lin
Er wollte ihn nicht lesen.
Ich habe ihm ein bisschen erzählt, was drinsteht.

» Manou
Er wollte ihn nicht lesen?
Was soll das denn?

» Marie-Lin
Jetzt lass doch mal.
Er findet es nicht korrekt, einfach ihre Post zu lesen.
Aber ich habe ihm ja ungefähr erzählt, was sie geschrieben hat.

» Manou
Die Post und den Chat von anderen
liebe ich am meisten …

» Marie-Lin
Ja, du! Er aber nicht!

» Manou
Und? Was hat er gesagt?

» Marie-Lin
Ben kann alles ins Positive drehen,
verstehst du?

» Manou
NEIN! VERSTEHE ICH NICHT!!!!!

» Marie-Lin
Er sagt, die Angst um meine Mutter zeigt nur,
wie sehr ich sie liebe.
Und das sei doch erst einmal gut!
Ich solle stolz darauf sein, so zu empfinden.

» Manou
Tolle Hilfe!
Hat der noch was anderes auf Lager?

» Marie-Lin
Ja! Er hat mir versprochen, mit meiner Mutter zu reden.
Er wird heute bei ihr klingeln und sich zum Tee einladen lassen.
Glaub mir, der Typ hat es drauf.

» Marie-Lin
Weißt du, er sagt: Wir leben nicht, um nur einfach da zu sein.
Um Klavier oder Hockey zu spielen. Um Abitur zu machen.
Und später einen coolen Job zu finden, der viel Geld bringt.
Um anderen zu beweisen, wie klasse wir sind!
Es ist die falsche Idee vom Leben, sagt er!

» Marie-Lin
Und er hat mir ein Zitat von Nelson Mandela geschickt:
„Unser größter Ruhm ist nicht, niemals zu fallen,
sondern jedes Mal wieder aufzustehen!"

» **Manou**
Was redet er für einen Scheiß?
Was hat das mit deiner Mutter zu tun?

» **Marie-Lin**
Viel!
Alles!
Ben hat mir ein paar Seiten aus einem Buch gezeigt, das er geschrieben hat:

> »Ohne meine Frau war ich ein Verlorener. Wir waren Freunde seit der Grundschule. Unsere Mütter kannten sich aus dem Wartezimmer des Kinderarztes. Ich kannte die Welt nur mit ihr. Sie war meine Wärme. Sie war der Grund, warum ich über fünfzig Jahre lang jeden Morgen aufstand. Ich habe immer davon geträumt, so lange wie möglich mit ihr zusammen zu sein. Dann starb sie – und mit ihr ein Teil von mir. Ich entdeckte etwas Neues: meine Angst!«

» **Manou**
Was soll das?
Was hat das mit dir zu tun?

» **Marie-Lin**
Ben hat irgendwann angefangen, seine Angst zu hinterfragen. Und dabei festgestellt: Es gibt keinen Grund, Angst zu haben im Leben. Nichts lähmt uns so sehr, wie unsere eigene Angst!

95 % der Dinge, vor denen wir Angst haben, passieren gar nicht. Und das, was wir lieben – so wie er seine Frau, so wie ich meine Mutter und Patrick –, das darf uns erst recht keine Angst machen!
Verstehst du?

» **Manou**
Und was bedeutet das jetzt für dich?

» **Marie-Lin**
Dass es mir jetzt besser geht.
Ich weiß, dass jeder Mensch Ängste hat.
Dass es total normal ist, es einen aber nur lähmt.
Und das will ich nicht. Ich will handeln.
Ich muss in Ruhe darüber nachdenken, was ich tun kann!

» **Manou**
Denk nach!

» **Marie-Lin**
Mach ich doch!

» **Marie-Lin**
Ich melde mich später, wenn Ben mit meiner Mutter gesprochen hat.

» **Marie-Lin**
LIEBE! ♥

» **Manou**
LIEBE! ♥

> **» Marie-Lin**
> Er hat mir einen Brief geschrieben.

> **» Manou**
> Was? Wer? Ben schon wieder?

> **» Marie-Lin**
> Nein! Patrick!

> **» Manou**
> Her damit!!!!!

Liebe Marie-Lin,

seit ich dich kenne, bin ich ein anderer geworden.
Mein Denken, mein Handeln, alles hat sich verändert. Du hast mich verändert.

Ich sitze an meinem kleinen Schreibtisch – Charlie ist bei mir – und schaue auf das Selfie, das du von uns an der Elbe gemacht hast.

Warum ist das alles passiert? Warum habe ich zugelassen, mich in dich zu verlieben? Bin ich schuld an etwas, das angeblich nicht sein darf? Darf unsere Liebe nicht sein? Du bist 15. Ich 19. Ich weiß keine Antwort.

Die beiden Vernehmungen bei der Polizei waren ok. Meine Hände haben gezittert, so nervös war ich. Aber am Ende meinte der Beamte, ich solle mir keine Sorgen machen. Dass die Staatsanwaltschaft das Ermittlungsverfahren wohl einstellen wird.

Ich habe Glück, dass ich nicht dein Lehrer bin und dass du über 14 Jahre bist.

Menschen sind an all das gebunden, was sie glauben. An das, was ihrer Vorstellung von Recht entspricht. Sie suchen nicht nach der Wahrheit, sondern sie schaffen sich eine Welt, die ihren Regeln entspricht. Das beruhigt sie.

Aber sie verstehen nicht, was unsere Wahrheit ist. Sie wollen es nicht verstehen. Wir werden eine Zeit brauchen, um ihnen klarzumachen, dass unsere Wahrheit LIEBE heißt.

Ich hatte lange Angst, dieses Gefühl in mir zuzulassen. Warum?

Weil ich Angst hatte, mein Traum mit dir könnte zerstört werden.

Du hast mir diese Angst genommen.

Was wir zusammen erlebt haben, ist jenseits des Denkens, der Worte und der Vorstellung von anderen.

Ich musste erst einmal diese Angst, dich zu verlieren, spüren, um zu wissen, dass ich um uns kämpfen werde.

Wenn du diese Zeilen liest, bin ich wohl schon allein in Neustadt in einem kleinen Hotel. Charlie ist bei meinem Bruder.

Ich brauche diese Zeit für mich. Wer alleine ist, begegnet sich selbst besser.

> *Ich umarme dich in Gedanken.*
> *In einer Woche komme ich nach Hamburg zurück.*
>
> *Immer dein Patrick*

» Manou
Oh mein Gott, noch nie habe ich einen so schönen Brief gelesen.
Er liebt dich wirklich.

» Marie-Lin
Glaubst du?

» Manou
Sag mal, merkst du noch was?
Mann, der Brief ist so was von süß.

» Marie-Lin
Aber ich werde Schluss machen!

» Manou
Bitte?
Was soll das denn jetzt?

» Marie-Lin
Das Bild meiner Mutter zerrt dauernd an mir. Ich kann nicht.
Ich gehöre ihr und nicht ihm.

» Manou
So einen Quatsch habe ich ja noch
nie gehört!Niemand gehört irgendjemandem!
Niemand! Verstehst du? Wir sollten frei sein. Wir
haben es verdient. Denk daran, was Ben dir
gesagt hat. Du brauchst keine Angst zu haben!!!!!
Keine Angst!!!! 95% der Sorgen sind
umsonst, oder wie war das?

» Marie-Lin
Ich bin nicht frei. Ich werde niemals frei sein.

» Manou
Was soll das jetzt bitte schön?

» Marie-Lin
Mit meiner Geburt habe ich das Leben meiner Mutter zerstört.
Ich habe etwas in ihr zerstört. Ihren Traum! Ich weiß nicht, wie ich
damit leben soll. Ich muss es irgendwie wiedergutmachen.

» Manou
Das ist doch bescheuert!
Sie hat sich für dich entschieden,
und dass sie nicht mehr spielen wollte,
war und ist ihre Entscheidung!
Sie ist eine erwachsene Frau!!

» Marie-Lin
Sie kannte keine wahre Liebe von ihren Eltern.
Aber ich liebe sie. Ich werde ihr meine Liebe zeigen.
Und ich kann diese Liebe jetzt nicht teilen.
Verstehst du das?

» Manou
Nein! Verstehe ich nicht!

» Marie-Lin
Ich kann meine Liebe nicht teilen.
Jetzt nicht. Ich werde Patrick nicht wiedersehen.

» Manou
Du bist verrückt. Total verrückt!

» Marie-Lin
Ich muss es tun.
Ich gehöre zu ihr und nicht zu ihm!

» Manou
Es ist falsch, was du tust.
Glaube mir.
Und du weißt es auch!

» Marie-Lin
Das mag sein. Egal!
Ich werde Schluss machen.

» Manou
Soll ich dir noch einmal posten,
was du mir vor Kurzem über Patrick geschickt hast?

» Manou
Hier, lies deine Zeilen: „Es ist, als wäre ich eine andere in diesem Moment.
So als würde die Sonne auf mich scheinen, ich fühle mich so warm und frei."

» Manou
Erinnerst du dich an deine Worte? Willst du mehr? Hier, lies: „Mit ihm empfinde ich das Gegenteil von Gefangensein. Es sind die wenigen Momente in meinem Leben, in denen ich mich wirklich von ganzem Herzen mag. Endlich laufe ich mal nicht den anderen hinterher, sondern bin angekommen!" Und diesen Typen, der dir diese Gefühle gibt, den willst du jetzt sausen lassen???

» Marie-Lin
Ja!

» Manou
Das werde ich nicht zulassen!

» Marie-Lin
Ach ja? Und was willst du dagegen tun????

» Manou
Ich werde mit deiner Mutter reden!

» Marie-Lin
Niemals! Wehe!

» Manou
Ich werde es tun.
Darauf kannst du deinen Arsch verwetten!

» Manou
Er ist wieder da.
Patrick war heute in der Bibliothek.

» Marie-Lin
Na und?

» Manou
Er hat nach dir gefragt.

» Marie-Lin
Und?

» Manou
Du musst mit ihm reden.
Oder ich tue es.
Ich werde ihm die Wahrheit sagen.

» Marie-Lin
Das habe ich schon getan.

» Manou
Was?
Was hast du ihm gesagt?

» Marie-Lin
Ich habe ihm geschrieben. Ich habe Schluss gemacht. Es hat keinen Sinn. Unsere Liebe kann und wird niemals funktionieren.

> **» Manou**
> Du bist bescheuert! Du stopfst dein Leben in eine Schublade, auf der steht: Marie-Lin, die liebe, perfekte Tochter!
> Und jetzt kletterst du auch noch selber in diese beschissene Schublade. Dann mach es doch! Klettere rein, verbiege dich und mach den Deckel auch noch drauf. Verrotte in dieser Schublade! Aber ich sage dir eines: Niemandem wirst du damit helfen! Niemandem! Denke an Bens Worte: „Wir leben nicht einfach nur, um da zu sein. Um Klavier zu spielen. Um Abitur zu machen. Und später einen coolen Job zu finden, der viel Geld bringt. Um anderen zu beweisen, wie klasse wir sind!
> Es ist die falsche Idee vom Leben!" Ich kann mich nicht erinnern, dass Ben etwas von der perfekten Tochter gefaselt hat.
> Dem Mädchen, das seine eigenen Träume aufgibt für seine Mutter! Nee, echt nicht! Nicht eine einzige Erinnerung daran vom schlauen Ben!

> **» Marie-Lin**
> Hör auf damit. Du verstehst es nicht!

> **» Manou**
> Ich verstehe es nicht?
> Hast du auch noch irgendein anderes Argument auf Lager?
> Nein! Ich verstehe es mal wieder nicht!
> Mann, Marie-Lin, wach endlich auf! Lebe! Lebe dein Leben! Glücklich! Das ist es, was deiner Mutter helfen würde.
> Du machst den gleichen Fehler wie sie.
> Du erfüllst nur die Vorstellung anderer, und ich weiß:
> DAS IST FALSCH!!!!

> **» Marie-Lin**
> Wer ist es denn, der mich immer in diese Schublade gedrängt hat?

» **Manou**
Man kann Dinge, Handtücher, Schuhe
und so'n Krempel in Schubladen stopfen.
Aber Menschen passen nicht in Schubladen.
Du wirst dich niemals so sehr verbiegen können,
dass es funktioniert. Glaub mir: Du passt da nicht
rein. Und ich habe dich auch niemals dazu
gedrängt! Niemals. Verstehst du?!

» **Marie-Lin**
Doch! Ihr alle tut das.

» **Manou**
Ich bin nicht „ihr alle"! Sag so etwas nicht.
Ich fühle mich wie ein Teil von dir.
Wenn du traurig bist, hängt meine Seele durch.
Wenn dir etwas wehtut, fühle ich den Schmerz.
Wenn du weinst, spüre ich deine Tränen!
Bitte lass mich dir helfen!

» **Marie-Lin**
Ich kann nicht. Ich kann nicht.
Verzeih mir!

» **Marie-Lin**
Manou?

» **Manou**
Ja?

» Marie-Lin
Ich habe darüber nachgedacht, was du mir gestern geschrieben hast. Die Sache mit der Schublade und so.

» Manou
Endlich!

» Marie-Lin
Ich bin gestern ganz lange bei Ben gewesen.
Wir haben wieder geredet.

» Manou
Und?

» Marie-Lin
Für mich ist es manchmal schwer, ich selbst zu sein. Ich habe vor allem Angst. Immer rast es in meinem Kopf. Ich habe das Gefühl, dass ich immer zu langsam bin. In allem, was ich tue. Ich renne hinterher! Immer! Egal, was es ist. Ich schaffe einfach nicht alles.
Und, glaube mir, ich packe die Sache mit Patrick nicht.
Ich mag ihn wirklich sehr. Aber tief in mir drin weiß ich, dass wir nicht zusammengehören. Es ist zu kompliziert. Er erdrückt mich mit seinem Kontrollfimmel. Bitte glaube mir. Ich verlasse ihn nicht für meine Mutter, sondern für mich selber.

» Marie-Lin
Ich habe Patrick einen Brief geschrieben.

» Manou
Zeigst du ihn mir?

» Marie-Lin
Klar.

» Marie-Lin

Lieber Patrick,

es ist – oder besser, es war –, als könnte ich nur durch dich atmen. Nur durch dich überhaupt erst am Morgen aufstehen und mein Leben in die Hand nehmen. Du warst mein Dasein! Dein Herzschlag war mein Herzschlag. Ich war erst etwas durch dich. Dein Zauber war auch meiner! Ich galt mir selber nur etwas durch dich.

Aber ich möchte das nicht mehr!

Ich möchte frei sein!

Ich möchte nicht mehr nur dafür aufstehen, um anderen zu gefallen!

Ich bin das nicht mehr! Verstehst du das?

Manchmal muss man etwas loslassen, um selber nicht verletzt zu werden. Es ist wie mit der untergehenden Sonne: Ich liebe die Zeit davor. Aber ich hasse den Moment, in dem sie verschwindet!

Lieber Patrick, glaube mir, ich bin glücklich!

Du hast mir dieses Gefühl und dieses neue Selbstbewusstsein gegeben.

Ich bin selber schockiert, was mit mir passiert ist.

Und ich bin stolz!

OK?

Ich umarme dich!

Danke für jede Sekunde.

Lass mich gehen.

Deine Marie-Lin

> **» Manou**
> Ich kenne niemanden, der solche Briefe schreiben kann wie du! Echt! Ich heule!

> **» Marie-Lin**
> Nein. Heul nicht! Freue dich mit mir.

> **» Manou**
> Soll ich das wirklich? Ich bin mir nicht sicher. Wie kann man so vernünftig sein?
> Du liebst ihn noch, oder?

> **» Marie-Lin**
> Ich weiß es wirklich nicht.
> Aber noch nie in meinem Leben habe ich mich so frei gefühlt.
> Mit diesen Zeilen habe ich mich irgendwie selber befreit!
> Und das tut gut. Ich hoffe, ich begegne Patrick jetzt die nächste Zeit nicht. Ich weiß nicht, ob ich es ertragen könnte.

> **» Manou**
> Aber wie soll das funktionieren?
> Er arbeitet in der Bücherei.
> Du wirst ihm sicher begegnen.

> **» Marie-Lin**
> Unsere Räume sind in einem anderen Haus als die Bibliothek.

> **» Manou**
> Und die Kantine?

» **Marie-Lin**
Dann gehe ich eben nicht in die Kantine in der nächsten Zeit.

» **Manou**
Ich muss das erst einmal checken, was du mir da gerade versuchst beizubringen. Ich verstehe das nicht so richtig. Ich weiß auch nicht wirklich, wie ich das finden soll! Gut oder schlecht. 👍 👎 ❓

» **Manou**
Ich könnte das nicht.
Ich könnte nicht Schluss machen, wenn ich noch verliebt wäre.
Nie im Leben.

» **Marie-Lin**
Du bist seit der 7. Klasse in Jens verliebt, und soll ich dir mal aufzählen, wie oft du schon mit ihm Schluss gemacht hast?

» **Manou**
Das ist etwas anderes! Jens hat mir noch nie so einen Brief geschrieben.
Jens hat das Wort Liebe noch nie ausgesprochen.
Der kann das gar nicht.

» **Marie-Lin**
Er kann es vielleicht nicht aussprechen.
Aber du weißt trotzdem, dass er dich liebt.

» **Manou**
So ein Quatsch!

> » **Marie-Lin**
> Aber ich weiß es!
> Und zwar ganz genau. 🐷

★ ★ ★

> » **Manou**
> Oh! Es ist so was von heiß hier bei uns im Garten!
> Scheiß Sonne! ☀️
> Ich muss Calcium einwerfen, sonst bekomme ich wieder diese blöde Pickelfresse! Mallorca-Akne! So eine Art Ganzkörper-Plaque! Brrrr!

> » **Marie-Lin**
> Dieses Garten- & Calciumproblem habe ich nicht.
> Wir haben nämlich keinen Garten! Mann, geh rein!

> » **Manou**
> Heul doch! Ok! Ok!

> » **Manou**
> Ich freue mich so was von auf die Ferien.
> Endlich weg! Alles nervt hier langsam.
> Ich brauch ne Pause!

> » **Marie-Lin**
> Nicht nur von den Typen. Von allem.
> Von der Schule. Vom Stress. Von Hamburg!

> » **Manou**
> JA! Ich gehöre inzwischen zu den nervigen Typen,
> die sich die ganze Woche auf Freitag freuen!

» **Marie-Lin**
Wo fahrt ihr hin?

» **Manou**
St. Tropez – ✈ – wie jedes Jahr! Es ist mein 15. Sommer und wieder St. Tropez! Grrrrr! Langsam glaube ich: Nicht ich mache etwas mit meinem Leben, sondern das Leben macht etwas mit mir!
Und ihr? Wo fährst du hin?

» **Marie-Lin**
Meine Mutter macht eine Kur ganz alleine in Rottach-Egern. Ich spiele beim Schleswig-Holstein-Musikfestival. Und später fliegen mein Vater und ich nach Mallorca. Eine kleine Wohnung in Cala Pi 👙. Ich glaube, es wird die Hölle. Da ist nix los! Ich werde verrotten! ☹ Entweder in dieser öden Bucht oder auf dem Sitz des Mietwagens, während mein Vater mir pädagogisch wertvoll die Gegend erklärt.
Ich muss mich mit meinen „Beats" schützen!

» **Manou**
Hast du die Story von Allegra und Kim gehört?
Die sind am Wochenende alleine mit zwei anderen Mädels aus Blankenese nach Mallorca. Haben eine Bude in Palma gemietet und nur gefeiert. Geh mal auf Facebook. Da kannst du einen Film sehen. Ich glaube, die haben 72 Stunden alles ignoriert, was man nicht trinken kann! 🍾 Grusel-Bilder. Uuuuaaaa!

» **Marie-Lin**
Daniel hat mir heute Morgen geschrieben, dass Allegra sich nachts in Arenal besoffen irgendwelche chinesischen Schriftzeichen auf den Arm hat stechen lassen. Das ist so was von bescheuert.

> **» Manou**
> … ich sollte dazu nix sagen!

> **» Marie-Lin**
> Komm! Dein Schmetterling ist voll süß.
> Und außerdem warst du nicht besoffen!

> **» Manou**
> Nee! Aber jetzt geht der Stress wieder los. Mein Papi darf mein Tattoo auf keinen Fall entdecken. Der dreht ab. 👀

> **» Marie-Lin**
> Frage: Hey, wenn du dich zwischen den 2 beschissensten Angewohnheiten von dir entscheiden müsstest, welche würdest du abschaffen?

> **» Manou**
> Ich glaube, meine wirklich beknackteste Angewohnheit ist die Liebe zu dir! Ja! Ja, wenn ich könnte, würde ich diese Angewohnheit abschaffen! Ja, das ist meine Antwort:
> Stop the Love with Marie-Lin! 💔

> **» Marie-Lin**
> Bitch!
> Beschissene Antwort!
> Jeder Mensch hat ein Anrecht auf eine beknackte Freundin!
> Sogar DU! Also mich wirst du jedenfalls nicht mehr los.

> **» Manou**
> Und jeder sollte jemanden haben, den er auf WhatsApp hemmungslos zutexten kann!

> » **Manou**
> LIEBE! ♥

> » **Marie-Lin**
> LIEBE! ♥

★ ★ ★

> » **Manou**
> Hey, ich kauf mir Facebook-Likes!

> » **Marie-Lin**
> Was?

> » **Manou**
> Ja, 200 Likes kosten 8 €.
> Man kann auch 10.000 für 229,95 € kaufen!

> » **Marie-Lin**
> Wo?

> » **Manou**
> Im Internet … Wo sonst?

> » **Marie-Lin**
> Total spooky! Du spinnst!

> » **Manou**
> Nein! Wir könnten neue Fotos von uns machen,
> unsere Seite bei Facebook ganz neu gestalten.

Und uns für 3,75 € 100 Likes kaufen: GENIAL, oder?
3000 Likes kosten 39,95 €. Komm, das machen wir!

» Marie-Lin
Bisschen nuttig, oder?

» Manou
Nein! Witzig! Komm, 3,75 €! Das haben wir über!

» Manou
Ich meine, wir sind eben nicht M'Barek. Wenn Elyas was postet, bekommt der auf einen Schlag 2,3 Mio. Likes. Das ist so abgefahren! „Wotsch it nau!", und schon klicken alle los.

» Marie-Lin
Du doch auch!

» Manou
Ja. Ich finde den so was von cool.
Ich finde sogar, Jens sieht ihm ein bisschen ähnlich.

» Marie-Lin
Jens ist blond!

» Manou
Na und! Aber Jens hat auch so Superzähne!
Und der Body????!!!!!!

» Marie-Lin
Nee! Is klar! Jens sieht aus wie Elyas M'Barek!
Es ist echt zu heiß für deine Birne draußen. 😎

» **Manou**

Hier ein paar Vorschläge für deine neue Facebook-Seite.
Selfies on the bubs!

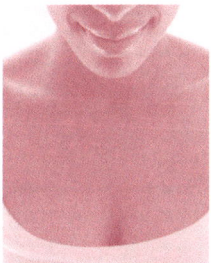

» **Marie-Lin**

Du bist echt noch bescheuerter, als ich dachte!
Mach du doch so ne Seite: MEIN AUSSCHNITT
und ICH! Und dann kaufst du dir 1000 Likes dazu!
Alle werden sich totlachen!
Das ist so was von peinlich!

» **Marie-Lin**

Muss Schluss machen. Klavier! Was sonst!
Wg. Konzert ist jetzt noch mehr Stress!
Heute Abend Pizza zusammen ?

» **Manou**
Nö!

» **Marie-Lin**
Wie, nö? Wir waren verabredet!

> **» Manou**
> Ich geh zu Jens!

> **» Marie-Lin**
> Ach! Zu Jens?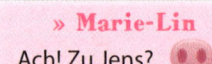

> **» Manou**
> Ja, sorry!

> **» Marie-Lin**
> Schon ok! Grüße!

> **» Manou**
> LIEBE!

> **» Marie-Lin**
> LIEBE!

★ ★ ★

> **» Marie-Lin**
> Gehirn? = Online!   Herz? = Offline!   Gefühle? = Beschädigt!
> Körper? = MÜDE!   Mein Leben? = Blockiert!   Liebe? = Gelöscht!
> Manou? = GROSSE LIEBE!!!!!!

> **» Manou**
> Du bist so süß!
> Aber wir müssen an Punkt 2 & 3 arbeiten!!!!

> **» Marie-Lin**
> Wieso?

» Manou
Herz & Gefühle!
Offline & beschädigt!
Hey, ich will, dass du wieder lachst.

» Marie-Lin
Nein! Alles gut!

» Manou
Das klingt aber nicht so.

» Marie-Lin
Dann hast du mich falsch verstanden! Ich beginne langsam, mich zu mögen. Ganz langsam! Ich bin noch lange nicht so, wie ich sein möchte. Aber irgendwie bekomme ich eine leise Ahnung davon, wer ich sein könnte! (Und das ohne Patrick!)

» Manou
Jeder von uns möchte doch irgendwie anders sein.
Anders aussehen. Sich anders verhalten. Aber eigentlich sehen wir alle gleich aus. Essen das Gleiche. Kaufen die gleichen Klamotten. Reden über den gleichen Scheiß!

» Marie-Lin
Das ist es ja, was ich meine. Ich will das eben nicht mehr.
Ich mach das einfach nicht mehr!

» Manou
Uuuiiiii! Lass auch mal ne Portion Selbstfindung zu mir rüberwandern!

> **» Marie-Lin**
> Lass den Quatsch! Aber sag: Wie war es mit Jens gestern?

> **» Manou**
> Gut. Klasse. Wir haben einfach nur so rumgelegen und gequatscht. Er fährt gleich am Anfang der Ferien nach Grömitz an die Ostsee in so ein Ferienlager. Seine Mutter arbeitet doch als Kassiererin, sie bekommt jetzt nicht frei. Sein Stiefvater baut irgendwo einen Laden aus, der fertig werden muss, und sein reicher leiblicher Vater ist in Berlin und kümmert sich in Wahrheit null um ihn. Das ist echt mies. Am liebsten würde ich Jens fragen, ob er nicht mit uns nach Frankreich kommen will, aber ich weiß nicht …

> **» Manou**
> Was meinst du? Jens bei uns? Mit meinem nervigen Bruder und meinen Eltern? Steinbutt vom Grill. Schampus am Badehaus. Fahren wir heute Boot oder bleiben wir am Haus?
> Mann, wie sollte ich das Jens erklären? Verstehst du, ich liebe die Ferien in St. Tropez, aber dieses ganze Getue geht mir manchmal echt auf die Nerven. Es wäre mir unangenehm. Es ist keine gute Idee!

> **» Marie-Lin**
> Er weiß doch, dass ihr Kohle habt und wo ihr hinfahrt! Ich glaube nicht, dass du ihm das noch groß erklären musst … Kann doch auch sein, dass er gerade das cool findet!

> **» Manou**
> Nee! Ehrlich, am liebsten würde ich mit ins Ferienlager fahren. Da sind keine Eltern. Da stellt niemand blöde Fragen. Es gibt kein: Bitte mach das! Bitte hol mal dies! Kannst du bitte damit aufhören! In Frankreich gibt es keine Rückzugsmöglichkeit für mich. Und das Schlimmste: kein WLAN. Kein richtiges Netz!

In Grömitz, da wären nur wir! Und dieser ganze Geschiss, der Stress und das Getue wären weg. Ich hab Lust auf gar nix! Sehnsucht nach Hinschmeißen!

» **Marie-Lin**
Du und ein Ferienlager an der Ostsee!

» **Manou**
Hey! Klappe!

» **Marie-Lin**
Ich bin nur realistisch! Aber wenn du meinst, frag deine Eltern.

» **Manou**
Echt? Soll ich?

» **Manou**
Aber Jens hat mich nicht gefragt.
Klingt irgendwie bescheuert: „Hey, macht dir doch nix aus, habe ganz zufällig das gleiche Ferienlager zur gleichen Zeit gebucht! Was für ein Zufall!"

» **Marie-Lin**
Red mit ihm!

» **Manou**
Meine Eltern würden es auch nicht erlauben.
Die Sommerferien sind bei uns heilig! Oder glaubst du, dass mein Bruder sonst noch mitfahren würde? Aber der geht abends aus. Er kennt viele Leute da unten. Für ihn ist es etwas anderes.

> **» Marie-Lin**
> In Wahrheit willst du eben doch nicht!

> **» Manou**
> Kannst du nicht mitkommen? Bitte! Ich wette, meine Eltern würden sogar den Flug für dich bezahlen! Bitte! Bitte!

> **» Manou**
>  Koffer oder nur Handgepäck?

> **» Marie-Lin**
> Nein! Ich kann nicht! Ich muss doch beim Festival spielen. Und ich will es auch. Ich habe so viel dafür geübt, und es ist auch eine große Chance für mich. Es ist wichtig. Und es ist auch wichtig, dass ich mit meinem Vater hinterher etwas zusammen mache. Auch wenn's etwas öde sein wird mit ihm allein auf Malle, aber er braucht mich jetzt.

> **» Manou**
> Und deine Mutter?

> **» Marie-Lin**
> Sie hat Urlaub genommen bei der Botschaft. Sie geht jeden Morgen mit einer Freundin zum Yoga und nachmittags zu einer chinesischen Ärztin in Eppendorf zur Akupunktur. Es geht ihr schon ein bisschen besser.  Gleich zu Ferienbeginn fährt sie alleine zu dieser Kur. Ich will meinen Vater dann nicht alleine lassen. Verstehst du das?

> **» Manou**
> Klar! Klar verstehe ich das!

> **» Marie-Lin**
> LIEBE! ♥

» **Manou**
LIEBE!

★ ★ ★

» **Manou**
Ich habe Patrick gestern getroffen. In der Kantine.
Er hat nach dir gefragt. Er hatte deinen Brief in der Tasche.
Er hat ihn mir gezeigt. Und gefragt, ob ich das verstehe?

» **Marie-Lin**
Und?

» **Manou**
Ich habe JA gesagt.

» **Marie-Lin**
Wie?

» **Manou**
JA! Zwei Buchstaben!

» **Marie-Lin**
Und? Und dann?

» **Manou**
Ich meine, ich verstehe es ja. Nicht vom Kopf her. Nicht von der
Logik. Aber ich verstehe es mit meinen Augen. Wenn ich dich sehe.
Du bist glücklich! Du siehst glücklich aus!
Und das habe ich ihm gesagt.

» Marie-Lin
Und er?

» Manou
Gar nichts. Er hat gar nichts gesagt, nur irgendwie wie ein Freak starr in mein Gesicht geglotzt. Ich glaube, er schnallt das alles nicht. Die Sache mit der Polizei ist jetzt offiziell vom Tisch.
Sie haben gar nicht weiter ermittelt.

» Marie-Lin
Ich weiß!

» Manou
Woher?

» Marie-Lin
Weil ich auch bei der Polizei war. Weil ich eine Aussage gemacht habe, dass wir nie zusammen was Richtiges hatten.
Also, ich meine, du weißt schon!

» Manou
Wann? Das hast du mir gar nicht erzählt!

» Marie-Lin
Gleich nachdem er mir die Anzeige geschickt hatte und bei der Polizei war. Da gibt es ja auch nicht mehr zu erzählen.
Patrick hat noch oft versucht, mich zu erreichen. Er hat mir unendlich viele WhatsApps geschickt. Ich habe ihn mittlerweile blockiert, weil ich das nicht lesen will. Es ist vorbei!
Ich will nicht mehr darüber reden.

> » Manou
> Ok!

> » Marie-Lin
> DANKE!!!!!

★ ★ ★

> » Manou
> Hey, ich habe eine neue Geschäftsidee:
> Akne zum Aufkleben – für Leute, die jünger aussehen wollen!

> » Marie-Lin
> Du bist so was von durchgeknallt!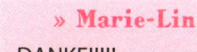

> » Manou
> Schau mich an! Meine Sonnenallergie ist die reinste Freude!
> Sommersprossen plus Akne, na super! Gibt's noch was Nettes,
> was der liebe Gott mir schicken kann?

> » Marie-Lin
> Wie wäre es mit Nagelpilz?

> » Manou
> Oh ja! Auch schön! Dann bekäme ich vielleicht
> Shellac-Nägel auf Krankenschein!

> » Marie-Lin
> Ja, das wäre eine Möglichkeit!

> **» Marie-Lin**
> Ah! Hast du dir für St. Tropez wieder die Füßchen schön machen lassen?

> **» Manou**
> Na klar! Das hält mindestens bis Oktober!
> In der Europapassage gab's eine Aktion: 25 €! Nicht schlecht!

> **» Marie-Lin**
> Du bist echt verrückt. 25 € für einmal Nägellackieren.

> **» Manou**
> Heul doch!

> **» Manou**
> Morgen Zeugnisse.
> Angst?

> **» Marie-Lin**
> Nö!

> **» Manou**
> Ich schon. Bisschen.

> **» Marie-Lin**
> Was soll passieren?

> **» Manou**
> Ich weiß. Nix!

» Marie-Lin
Also!

» Manou
Was wäre eigentlich, wenn wir kein Abi machen?

» Marie-Lin
Dann hast du ein Problem, wenn du dich an der Uni einschreiben willst.

» Manou
Mann, mal ehrlich! Warum Abi? Millionen Kids machen kein Abi.

» Manou
Hier guck mal in die Statistik:

> 27,3 % Abitur.
> 22,1 % Realschulabschluss
> 35,6 % Hauptschulabschluss

» Manou
Wir könnten auch nach der 10. Schluss machen. Warum nicht?

» Marie-Lin
Weil ich vielleicht Musik studieren will!

» Manou
Ich aber nicht!

> **» Marie-Lin**
> Nein! Du nicht. Du heiratest ja auch Jens! Hast mit ihm 3 Kinder.
> Er übernimmt den Superladen von deinem Vater.
> Und du kaufst dir ne Schürze und legst den Steinbutt auf den Grill!

> **» Manou**
> Sei nicht so gemein.

> **» Marie-Lin**
> Bin ich nicht!

> **» Manou**
> Doch.

> **» Marie-Lin**
> Es ist aber so. Für dich kann es egal sein, was du studierst. Oder ob du überhaupt studierst. Deine Kohle ist dir doch sicher. Irgendwann kommt so ein Testament-Heini und fragt: Ah, entschuldigen Sie, Frau von Berghain, darf ich hier vielleicht den Geldsack abstellen?

> **» Marie-Lin**
> So ist es doch. Dummerweise wird bei mir nie so ein Typ klingeln. Weil mein Vater zwar in New York studiert hat, aber die schicke Firma, für die er 20 Jahre lang Verträge gemacht hat, leider pleitegegangen ist. Weil wir nämlich nicht, wie ihr, privat versichert sind und er die Therapie für meine ziemlich traurige Mutter aus seiner ziemlich leeren Tasche selber zahlen muss. Unsere beschissene Versicherung hat die Therapie abgelehnt. Kur wegen Angstzuständen nicht anerkannt.
> Verstehst du? Deshalb! Deshalb mache ich das beschissene Abi! Verstehst du?

> **» Manou**
> Hey, was ist los mit dir?

> **» Marie-Lin**
> Nichts! Ich will nur echt nix von Schule hören!
> Ich will morgen das Zeugnis abholen und
> dann 6 Wochen nix von Schule wissen! Verstanden?

> **» Manou**
> Verstanden!  Sorry!

> **» Manou**
> Ich war heute bei Jens. Er war nicht da. Er geht nicht an sein Handy.
> Er schreibt mir nicht zurück. Irgendwas ist passiert.

> **» Marie-Lin**
> Du kennst doch Jens, sein Akku ist dauernd leer.
> Er hat vergessen, es aufzuladen! Oder sonst was. Er ist ein Chaot!

> **» Manou**
> Nein! Wir waren verabredet. Etwas ist passiert.
> Der Wagen seines Vaters stand vor der Tür.

> **» Marie-Lin**
> Was ist daran ungewöhnlich, bitte?

> **» Manou**
> Der Wagen seines leiblichen Vaters. Berliner Kennzeichen!
> Dieser Politiker aus Berlin. Verstehst du??

> **» Marie-Lin**
> Vielleicht besucht er Jens?

> **» Manou**
> Das hätte er mir erzählt.

> **» Marie-Lin**
> Frag seine Mutter.

> **» Manou**
> Hab ich, aber sie hat nicht aufgemacht. Nur über die Sprechanlage gesagt, dass sie jetzt nicht kann. Da ist was passiert. Ich sage es dir!

> **» Marie-Lin**
> Und wie bekommen wir das raus?
> Was soll ich tun? Soll ich bei Jens zu Hause anrufen?

> **» Manou**
> Versuch's! Bitte!

> **» Marie-Lin**
> Mach ich!

> **» Marie-Lin**
> Es geht niemand ran.
> Aber geh mal auf Facebook. Daniel hat was geschrieben.

> **» Manou**
> Was?

» **Manou**
Ich komm nicht ran. Bin nicht mit ihm befreundet.

» **Marie-Lin**
Warte! Ich schick's dir!

Daniel
2 Std.

Jens gestern Abend im Cinemaxx umgekippt. Ohnmächtig! Er hat voll gezuckt! Ich hatte echt Schiss! Mit Blaulicht ins Krankenhaus. Durfte nicht mit! Ich weiß auch nicht, was es war! Horror!

 Gefällt mir   Kommentieren   Teilen

» **Manou**
Oh nein! Angst! Scheiße!

» **Marie-Lin**
Wir müssen rauskriegen, welches Krankenhaus. Warte, ein Freund meiner Mutter arbeitet in der Uniklinik. Er ist dort Chirurg.
Ich rufe sie an. Sicher haben sie ihn dorthin gebracht.

» **Manou**
Bitte!

» **Marie-Lin**
Ja!

> **» Marie-Lin**
> Ich melde mich gleich wieder. Bleib online.

> **» Manou**
> Ich bin da! Wo muss ich genau hin?

> **» Marie-Lin**
> Station 3c!
> Blauer Fahrstuhl. Dritter Stock links. Neurologie!

> **» Manou**
> Was haben sie dir noch gesagt?

> **Marei-Lin:**
> Nix! Nur dass er ohnmächtig war,
> als er ins Krankenhaus kam.

> **» Manou**
> Ich habe Angst! Mein ganzer Körper zittert.

> **» Marie-Lin**
> Soll ich auch kommen?

> **» Manou**
> Nein! Ich muss ihn jetzt erst einmal finden.

» Manou
Ich darf nicht zu ihm.

» Manou
Sie lassen mich nicht zu ihm.

» Marie-Lin
WER?

» Manou
Die hier im Krankenhaus. Ich sei nicht mit ihm verwandt. Blöde Kuh! Wer ich überhaupt sei?

» Marie-Lin
Sag, du bist seine Schwester!

» Manou
Jens hat keine Schwester!

» Marie-Lin
Na und? Wissen die doch nicht.

» Manou
Ich habe schon gesagt, dass ich seine Freundin bin!

» Marie-Lin
Bleib da sitzen. Seine Eltern müssen doch auch irgendwo dort sein. Du kennst doch seinen Stiefvater gut. Er wird dich zu ihm lassen.

» Manou
Ja! Melde mich später.

★ ★ ★

> **» Manou**
> Das ist so was von abartig!
> Auf Facebook diskutiert schon die ganze Klasse und die Mannschaft von seinem Fußballverein, was Jens hat! Das ist echt widerlich!

> **» Marie-Lin**
> Lies es einfach nicht!

> **» Manou**
> Das kann ich nicht!

KIM
21.00 UHR

Jens ist im Krankenhaus! Lebensgefahr!

👍 Gefällt mir   Kommentieren   Teilen

 Allegra Scheiße! Was hat er?
Gefällt mir • Antworten • um 21:07 Uhr

Kim Ein Unfall! Schädelbasisbruch!
Gefällt mir • Antworten • um 21:03 Uhr

Tom Dem hat's die Birne weggehauen!
Gefällt mir • Antworten • um 21:03 Uhr

Daniel Haltet die Fresse! Ihr wisst nix! So ein Blödsinn!
Gefällt mir · Antworten · um 21:03 Uhr

Allegra ... aber du!
Gefällt mir · Antworten · um 21:03 Uhr

Daniel Ja! Ich war bei ihm, als es passiert ist!
Gefällt mir · Antworten · um 21:03 Uhr

Hanna Oh Gott! Ich werde verrückt. Wer weiß mehr? Wo ist Jens jetzt? Ich verstehe das alles nicht! Meldet euch!
Gefällt mir · Antworten · um 21:03 Uhr

» **Marie-Lin**
Ausgerechnet Hanna muss sich natürlich wieder einmischen! Bitch!

» **Manou**
Ich habe seinen Stiefvater getroffen. Jens wird untersucht. Sie wissen noch nicht, was los ist. Sie machen irgendwelche Bilder von seinem Kopf. Es dauert.

» **Marie-Lin**
Wie geht es ihm?

» Manou
Wohl wieder gut. Ich durfte aber nicht zu ihm. Sie untersuchen ihn.

» Marie-Lin
Alles wird gut: Mach dir keine Sorgen.

» Manou
Doch, tue ich aber. Ich werde sicher nicht in die Ferien fliegen, wenn Jens hier im Krankenhaus liegt.

» Marie-Lin
Jetzt mach dich nicht verrückt.

» Manou
Sein echter Vater rennt hier rum und macht auf wichtig! Idiot!

» Manou
Ich habe Angst!

» Manou
Jens hatte mich gestern noch angerufen.
Ich habe seine Nummer auf dem Display gesehen, aber ich bin nicht rangegangen, weil ich mir gerade die Nägel lackieren ließ. Als ich ihn zurückgerufen habe, ist er nicht mehr rangegangen.
Sein Handy war aus!

» Marie-Lin
Es wird nicht schlimm sein!

> » **Manou**
> Woher willst du das wissen? Bist du Arzt?

> » **Marie-Lin**
> Nein! Aber erinnere dich. Sofia kippt doch auch ab und zu um.
> Sie kennt das schon. Sie sagt, das sei einfach ihr Kreislauf.
> Nix Schlimmes!

> » **Manou**
> Aber Sofia ist jedes Mal langsam zusammengesackt.
> Sie hat nie gezuckt, wie Jens es gemacht haben soll!

> » **Manou**
> Bei Jens ist es etwas anderes. Ich spüre doch schon lange, dass etwas
> nicht stimmt. Er dreht sich manchmal weg. Ist für einen Augenblick
> wie ausgetauscht. Ich habe es dir doch schon so oft gesagt:
> Irgendwas stimmt nicht mit ihm.

> » **Marie-Lin**
> Nur weil er manchmal etwas komisch ist?

> » **Manou**
> Es ist mehr als nur manchmal etwas komisch.
> Ich habe gespürt, dass etwas nicht stimmt.

> » **Marie-Lin**
> Die Zeugnisse sind wirklich jedes Jahr wieder eine Beleidigung.
> Eine 2 in Mathe! Die Alte spinnt doch. Ich habe in allen Arbeiten
> Einsen.

Ich melde mich dauernd.
Sie kann mich einfach nicht leiden.
Zicke!

» **Manou**
Du hast echt Sorgen!
Ich scheiß aufs Zeugnis! Is mir echt völlig egal.
Ich will nur nicht nach Frankreich fliegen.
Ich will hierbleiben, bei Jens.

» **Marie-Lin**
Und, geht das?

» **Manou**
Nein! Meine Mutter erlaubt es nicht. Sie will nicht, dass ich hier alleine bleibe. Wir fliegen morgen alle. Ich muss etwas tun.

» **Marie-Lin**
Was?

» **Manou**
Kann ich bei dir übernachten?

» **Marie-Lin**
Ich bin ab morgen in Hasselburg.
Wir proben für das Konzert.
Schleswig-Holstein-Musikfestival! Ich bin nicht da.

» **Manou**
Ich dreh durch. Ich kann jetzt nicht in die Ferien fliegen und gemütlich am Pool chillen!

» Marie-Lin
Das verstehe ich. Kannst du nicht krank werden?
Fieber oder so was? So, dass du nicht fliegen kannst?

» Marie-Lin
Guck mal im Netz, Fieber vortäuschen!
Da ist genau beschrieben, wie man das
Fieberthermometer hochbekommt.

» Manou
Wer hat denn schon noch so ein altes Quecksilberthermometer?
Meine Monster-Mutter und Globoli-Expertin hat so einen Ohrmesser.
Und nu?

» Marie-Lin
Keine Ahnung!

» Manou
Wann fährst du?

» Marie-Lin
Morgen früh.

» Manou
Jens ist immer noch nicht online. Ich kann ihn nicht erreichen.
Ich steige nicht in dieses beknackte Flugzeug nach Frankreich.

» Marie-Lin
Bei wem könntest du sonst noch schlafen?
Deinen Großeltern?

» Manou
Sind auch nicht da.

» Marie-Lin
Aber warum darfst du nicht alleine bei euch bleiben?

» Manou
Meine Eltern glauben, ich mach Party. Und erzählen was von Aufsichtspflicht. Sie erlauben es nicht. Erinner dich! Als sie in Berlin waren und ich allein, habe ich sie voll enttäuscht. Ich hatte ihnen versprochen, dass nur du bei mir schläfst, und am Ende waren wir doch 12 Leute. Ich hab's echt selber verbockt.

» Marie-Lin
Und was, wenn ich Ben frage?
Du kannst sicher bei ihm pennen.

» Marie-Lin
Ich frag ihn!

» Manou
Ich schlaf doch nicht bei Ben!! 😣
Du hast sie nicht alle. Ich kenne den Typen gar nicht.
Meine Eltern würden das auch niemals erlauben.

» Marie-Lin
Ok! Dann bei Daniel!

» Manou
Ja, nee, is klar! Bei Daniel.
Du hast sie wirklich nicht alle.

> **» Marie-Lin**
> Dann doch Zahnpasta schlucken. Fürs Fieber.

> **» Manou**
> Niemals!

> **» Marie-Lin**
> Wo bist du?

> **» Manou**
> Flughafen.

> **» Marie-Lin**
> Und Jens?

> **» Manou**
> Offline. Krankenhaus.

> **» Marie-Lin**
> Seine Eltern?

> **» Manou**
> Sie wissen noch nichts.
> Es ist ein CT gemacht worden.
> So eine Art Röntgenbild von seinem
> Kopf – irgendwas stimmt nicht.

> **» Marie-Lin**
> Mach dir keine Sorgen. Alles wird gut. Sicher.

> **» Manou**
> Hör auf! Weißt du, wie ich mich fühle?
> Ich sitze hier und soll in die Sonne fliegen, um Spaß zu haben. Ich will keinen Spaß! Ich will bei Jens sein!
> Aber meine Mutter versteht das nicht. Sie meint, wir müssten „der Familie jetzt ihre Ruhe lassen".
> Ich bin so was von sauer auf sie.
> Ich rede kein Wort mit ihr in Frankreich.
> Nicht ein einziges. Mein Vater hatte noch versucht, unser altes Kindermädchen Maria anzurufen, damit sie bei mir schläft. Aber sie ist nach München gezogen und kann auch nicht. Außerdem fand meine Mutter das auch daneben. Ich könnte echt nur heulen.

> **» Marie-Lin**
> Es tut mir so leid!
> Ich fahre jetzt mit dem Bus nach Hasselburg.
> Heute sind die ersten Proben. Mein Vater kommt morgen nach. Du siehst,
> ich bin auch ständig unter Aufsicht.

> **» Manou**
> Hast du was von Patrick gehört?

> **» Marie-Lin**
> Ja. Er kommt nach den Ferien nicht wieder in unsere Schule. Er hat den Bibliotheksjob gekündigt. Er geht zurück nach Bayern. Er sagt, er erträgt es nicht, mich hier dauernd in der Schule zu sehen.

> » **Manou**
>
> Verrückt!
> Ich verstehe das alles nicht mehr. Was hat das Leben mit uns vor? Ich fühle mich wie angespült an einen fremden Strand, den ich nicht kenne. Mir ist eiskalt. Und ich liege wie ein gestrandeter Fisch nach Luft schnappend im Sand. Mein ganzes Leben ist irgendwie woanders.
> Ich habe Angst. Und ich weiß nicht, was ich tun soll.
> Ich lebe, ich atme nur noch, kann mir selber aber nicht helfen.
> Ich sitze an diesem Gate auf dem Weg ins angebliche „Paradies".
> Aber mir geht's echt beschissen. Verstehst du das?

> » **Marie-Lin**
>
> Total! Es tut mir so leid.
> Was kann ich nur tun?

> » **Manou**
>
> Gar nichts. Du musst spielen.
> Und ich verstehe das. Mach dir keinen Kopf.
> Ich schaffe das schon. Ich werde von Frankreich aus weiter versuchen, Jens zu erreichen. 📱

> » **Marie-Lin**
>
> LIEBE! ♥

> » **Manou**
>
> LIEBE! ♥

★ ★ ★

> » **Manou**

DIAGNOSE HWA

Patient: Jens Sievers
Wohnhaft: Oberstrasse 32, 20144 Hamburg

stationär: Station 3c
Fallnummer: 53434229

Diagnose: Epileptischer Anfall
Rechts temporales Kavernom

Prozeduren: Mikrochirurgische OP

HWA-KRANKENHAUS - STATION NEUROCHIRURGIE

★ ★ ★

> » **Marie-Lin**
> Was ist das?

> » **Manou**
> Der Befund aus dem Krankenhaus.

» Marie-Lin
Woher hast du das?

» Manou
Ich hab's! Egal woher.

» Marie-Lin
Was bedeutet das?

» Manou
Das bedeutet, dass ich hier sofort abhaue.
Es ist mir völlig egal, was meine Eltern wollen oder nicht.
Ich bin am Bahnhof in Nizza.
In einer Stunde geht mein Zug.

» Marie-Lin
Aber was bedeutet „rechts temporales Kavernom"?

» Manou
Es bedeutet, dass sie Jens den Kopf aufmeißeln werden.
Dass sie an seinem Gehirn rumschneiden werden.
Dass er in Lebensgefahr ist.
Und: dass ich nicht bei ihm bin!!!!!

» Marie-Lin
Aber deine Eltern werden dich suchen.
Du musst ihnen Bescheid sagen.

» Manou
Das mache ich auch.
Aber erst wenn ich hinter Freiburg bin.

> Ich fahre nach Hamburg. Ich werde bei ihm sein, wenn er nach der Operation aufwacht. Noch einmal lasse ich mich nicht wegschicken.

» Marie-Lin
Ok. Wo wirst du wohnen?

» Manou
Ich habe einen Haustürschlüssel!

» Manou
Wann ist dein Konzert?

» Marie-Lin
Heute. 19 Uhr auf der Hasselburg.

» Manou
Mein Zug kommt in 10 Minuten.
Eine Frage: Glaubst du, ich könnte wirklich glücklich werden mit Jens? Also, ich meine: Ich habe mich in ihn verliebt, schon lange bevor ich zu dem Mädchen wurde, das ich heute bin. Verstehst du? Wenn ich ehrlich bin, ist Jens eigentlich der erste Junge, den ich wirklich mag. Der Einzige, mit dem ich überhaupt ausgegangen bin. Es ist komisch, die Typen, die mit mir ausgehen wollten, die mochte ich nicht. Und die, auf die ich echt Lust gehabt hätte, die haben mich nie gefragt. Ich meine, in der Grundschule war irgendwie die Hälfte der Typen in mich verknallt. Aber ich war immer einen Kopf größer als sie. Auch wenn ich mich geduckt habe. Ich fand das schrecklich. Nur bei Jens war das immer anders. Alles fühlte sich anders an mit ihm. Ich wollte immer, dass er mich mag.

» Marie-Lin
Jens ist auch immer anders geblieben.
Er war schon immer irgendwie erwachsener als die anderen in unserer Schule. Ich verstehe, dass du dich in ihn verliebt hast.

» Manou
Glaubst du, man kann mit seiner Jugendliebe glücklich werden?

» Marie-Lin
Na klar! Warum nicht?
Es gibt bestimmt viele Beispiele!

» Manou
Nenn mir eines!
Ich kenn kein einziges Beispiel!

» Marie-Lin
Ich aber!

» Manou
WER?

» Marie-Lin
Ich weiß, dass Eminem seine Jugendliebe geheiratet hat.

» Manou
Eminem?

» Marie-Lin
Ja! Sicher. Er und Kim sind zusammen zur Schule gegangen.
Er war 15, sie war 13. Jetzt haben sie zusammen eine Tochter!

> **» Manou**
> Hey! Hoffnung.
> Mein Zug kommt.

> **» Marie-Lin**
> LIEBE! ♥

> **» Manou**
> LIEBE! ♥

★ ★ ★

> **» Marie-Lin**
> Angekommen?

> **» Manou**
> Ja!

> **» Marie-Lin**
> Wo hast du geschlafen?

> **» Manou**
> Gar nicht!

> **» Manou**
> Ich bin gleich zum Krankenhaus.
> Der Haupteingang war schon geschlossen.
> Ich habe mich über die Notaufnahme reingeschlichen.
> Du glaubst nicht, was hier los ist.

> **» Manou**
>
> Endlose Flure. Ich habe vor der neurologischen Station auf einer Bank gepennt.

> **» Manou**
>
> Weißt du, ich habe so etwas noch nie gesehen.
> Neben mir sitzt eine Frau in einem bunten Gewand. Sie ist barfuß.
> Auf ihrem Schoß hält sie ein kleines Mädchen.
> Die Frau hat ihr Smartphone unter dem Kopftuch eingeklemmt und telefoniert die ganze Zeit in irgendeiner Sprache, die ich nicht verstehe. Dabei stopft sie sich etwas rein, das nach Curry stinkt.

> **» Manou**
>
> In ein Zimmer kann ich reinschauen, weil jemand vergessen hat, die Tür zuzumachen. Ein Mädchen liegt dort in einer Art Sessel. Ihre Füße stecken in Plastikschalen. Eine Krankenschwester saugt gerade mit einer gruseligen Maschine Schleim aus ihrem Hals. Der Körper des Mädchens bäumt sich dabei auf.
> Es ist so furchtbar. Ich glaube, sie ist etwa so alt wie ich.

> **» Manou**
>
> Manchmal höre ich Schreie. Weinen. Oder leises Wimmern.
> Es piept aus den Zimmern, wenn die Türen sich öffnen.
> In manchen hört man Fernseher laufen. In anderen ist es total still.
> Ich weiß nicht, in welchem Zimmer Jens liegt.

> **» Manou**
>
> Aber ich bin da. Ich bin da, und ich bleibe hier.
> Heute wird Jens operiert. Sie schneiden dieses Scheißding aus seinem Kopf.

» Manou

Jetzt bin ich im zweiten Stock.
Es gibt hier eine kleine Kapelle mit einem Buch,
in das man gute Gedanken und so schreiben kann.
Ich habe gebetet und was reingeschrieben. Für Jens.

> Ich will das hier alles nicht!
>
> Das Leben ist echt ein Vollidiot!
> Bitte hör auf mit dem Scheiß!
> Bitte, lieber Gott:
> Nimm alles von mir, aber gib mir
> Jens zurück!
>
> Deine Manou!

» Marie-Lin
Hättest Gott vielleicht etwas netter bitten können?
Etwas höflicher wäre angebracht. Oder?

» Manou
Gott versteht mich auch so.
Ich red immer so mit ihm.

» Marie-Lin
Aber diesmal hast du ihm geschrieben.

» **Manou**
Er wird's verstehen.
Er kann das ab. Glaub mir!

» **Marie-Lin**
Mal was anderes: Ich spiele heute.
Drück mir die Daumen und wünsch mir Glück!

» **Manou**
Mache ich, aber hast du doch eigentlich nicht nötig.
Du hast es eh drauf! 🍀 🐷

» **Marie-Lin**
Ich bin nervös.
Es ist das erste Konzert vor über 1000 Zuhörern.

» **Manou**
Ich hab ne Idee!
Ich schreib für dich auch noch was rein!

» **Manou**

Lieber Gott, ich schon wieder:
Bitte kümmer dich auch um meine
Freundin Marie-Lin. Lass sie spielen,
sodass Mozart dich heute Abend
nach dem Konzert fragt:
„Wer ist denn dieses Genie?
Hol die ja nicht in den Himmel!
Verschließ die Scheißhimmelspforte!
So ne Konkurrenz will ich hier oben
nicht!"

Deine Manou

> **» Marie-Lin**
> Du hast Schlafentzug! Sonst kann man so nicht drauf sein. So einen Quatsch nicht schreiben! Du bist wirklich die verrückteste Person, die ich kenne.

> **» Manou**
> Stimmt!
> Keinen „Schlaf-im-Zug", sondern „Schlafentzug"!
> Ich geh jetzt zurück zu Station 3c.  Und warte da.

> **» Marie-Lin**
> Viel Glück!

> **» Manou**
> Dir auch!

> **» Marie-Lin**
> Und streich das über mich aus dem Kirchenbuch! Bitte!

> **» Manou**
> Nö!!!!

★ ★ ★

> **» Manou**
> Seit 4 Stunden ist er im OP. Ich habe seine Mutter getroffen.
> Sie sitzt hier mit Jens' Stiefvater David. Ich weiß nicht, über was ich mit ihnen reden soll. Sie sagen auch nix.
> Der Typ aus Berlin hängt oben an der Kaffeebar.
> Es ist, als hätten alle Angst, ihre Angst auszusprechen.

Als könne man sie durch Schweigen runterschlucken.
Aber Angst kann ohne Worte schreien.

» Marie-Lin
Wo seid ihr?

» Manou
Vor der Intensivstation jetzt!
Niemand kommt hier rein ohne Anmeldung.
Manchmal schieben sie so halbe Leichen vorbei,
mit Schläuchen in den Körpern. Mit Masken auf den Mündern.
An ihren Betten baumeln Plastiksäcke mit Pisse und Blut.
Ich habe Angst davor, Jens so zu sehen.

» Marie-Lin
Werden sie dich zu ihm lassen?

» Manou
Ich weiß es nicht.

» Marie-Lin
Du musst mit seinen Eltern reden.

» Manou
Ich kann nicht.

» Marie-Lin
Warum nicht?

» Manou
Ich kann nicht.

> **» Marie-Lin**
> Sie kennen dich. Sie werden dich mit reinnehmen. Es ist deine einzige Chance, ihn zu sehen. Mann, du bist fast 20 Stunden mit dem Zug gefahren, um bei ihm zu sein. Jetzt mach! Rede mit ihnen!

> **» Manou**
> Ich habe eine andere Chance.

> **» Marie-Lin**
> Welche?

> **» Manou**
> Ich melde mich später.

> **» Marie-Lin**
> Glück! 🍀

★ ★ ★

> **» Marie-Lin**
> Noch 10 Minuten, dann spiele ich.
> Drück mir die Daumen.
> Wo bist DU?

> **» Manou**
> 👊 Immer noch im Krankenhaus.

> **» Marie-Lin**
> Und? Hast du ihn gesehen?

» Manou
Nein! Immer noch nicht. Seine Eltern sind bei ihm.

» Marie-Lin
Und, wie willst du zu ihm kommen?

» Manou
Der Bruder einer Freundin aus dem Hockeyverein ist hier auf der Intensivstation Krankenpfleger. Ich kenne ihn.
Er hat mir versprochen, mich zu Jens zu lassen, wenn alle weg sind.

» Marie-Lin
Sehr gut!

» Marie-Lin
Ich denke an dich, wenn ich spiele.

» Manou
Was spielst du überhaupt?

» Marie-Lin
Den Auftakt des Konzertes. Eine Mozart-Ouvertüre zu „La Clemenza di Tito". Heißt so viel wie: Der Großmut des Titus!

» Manou
Titus? Kenne ich nur aus der Parallelklasse. Der mit den roten Haaren.

» Marie-Lin
Es war Mozarts letzte Oper.
Geschrieben zur Krönung Leopold des II.

» Manou
Ach so, na klar … Ich versteh nix.
Ich weiß noch nicht mal, wann Mozart gelebt hat!

» Marie-Lin
1756–1791

» Manou
Oh mein Gott, mit 35 war der schon hin?

» Marie-Lin
Mit 4 Jahren begann er mit Klavierunterricht,
und mit 6 Jahren gab er schon Konzerte.
Der hat mit 8 Jahren Klaviersonaten komponiert!
Ich liebe Mozart.

» Manou
Ich sag ja, du bist nicht normal. Du liebst
einen Toten (Mozart). Einen alten Mann (Ben).
Und ein Phantom (Patrick).

» Marie-Lin
Das Phantom habe ich ja nun längst abgeschafft.

» Manou
Wirklich! So ganz?

» Marie-Lin
Ich habe mich noch einmal mit Patrick getroffen.

» Manou
Was?

» **Manou**
Wann?

» **Marie-Lin**
Gestern. Bevor ich hierhergefahren bin.
Er wollte zum Konzert kommen. Ich habe mich
mit ihm getroffen, um ihm das auszureden.
Außerdem wollte ich ihn noch mal sehen …

» **Marie-Lin**
Nur um zu sehen, wie es sich anfühlt.
Ich wollte wissen, wie sehr ich ihn wirklich vermisse.
Ich denke schon immer noch viel an ihn. Ich habe noch
immer dieses alte Sweatshirt von Patrick.
Manchmal ziehe ich es nachts zum Schlafen an.
Dann lege ich mich auf den Bauch und schnüffel
in meinem Arm nach ihm. Ich mag diesen Geruch.

» **Manou**
Ooohoh!

» **Marie-Lin**
Nein! Keine Panik. Inzwischen liege ich im Bett und denke:
Wow, jetzt biegt gleich dieser fiese Liebeskummer um die Ecke,
aber da kommt nix. Ich warte vergeblich! Und das ist gut so.

» **Manou**
Und warum hast du dich dann mit ihm getroffen?

» **Marie-Lin**
Weil ich wissen wollte, was von uns noch übrig ist.

» Manou
Was bedeutet das nun wieder?

» Marie-Lin
Ich wollte spüren, dass ich ihn nicht mehr liebe.
Und wenn ich ihn nicht mehr liebe,
wird er mich auch nicht mehr lieben! Oder?

» Manou
So einfach ist das nicht …

» Marie-Lin
Doch.

» Marie-Lin
Am Anfang dachte ich, dass mein Herz irgendwann
kaputtgehen wird, so wie bei einer Maschine, die
24 Stunden auf Höchstleistung pumpt. Irgendwann
fliegt der Keilriemen weg, und es macht Peng, und
man ist tot. Aber mein Herz hat sich langsam beruhigt.
Mein Kopf hat dazwischengequatscht.
Von wegen: Mach mal Stress wegen Patrick!
Aber es hat mich kaltgelassen. ❄☃

» Manou
Ich verstehe. Und jetzt?
Als du ihn gesehen hast?

» Marie-Lin
Wir haben uns in diesem neuen Lokal im Grindelhof getroffen.
Patrick war schon da, als ich kam.

Mit seinem Hund, der sich mehr über mich gefreut hat als er.
Patrick war ziemlich kühl. Er hat mich umarmt.
Aber anders als sonst. Sonst ist er immer mit seiner Hand
unter meinen Haaren am Hals langgefahren.
Hat mich an sich gedrückt und mich auf den Hals geküsst.
Diesmal nichts davon.

» **Manou**
Was hast du erwartet?

» **Marie-Lin**
Er war fast schüchtern.

» **Manou**
Was heißt das?

» **Marie-Lin**
Zum ersten Mal fühlte ich mich fast älter als er.
Ich hab geredet, und er hat geschwiegen. Es war so blabla.
Langweiliges Zeug über die Schule.
Ehrlich: Ich wäre gerne in ihn verliebt, aber ich bin es nicht mehr.
Es ist vorbei. Patrick wollte, dass wir es „Pause" nennen.

» **Marie-Lin**
Aber ich will auch keine Pause. Ich will frei sein.

» **Marie-Lin**
Hey, was ist los? Mach dein Handy wieder an!

> » **Manou**
> Sie sind weg. Seine Eltern sind raus.

> » **Manou**
> Ich warte hier weiter.
> Vor der Intensivstation.
> Melde mich später.

> » **Manou**
> Bin offline. Bis später.

> » **Manou**
> LIEBE! ♥

> » **Marie-Lin**
> LIEBE! ♥

> » **Manou**
> Auf seinem Mund und seiner Nase eine Maske
> aus Plastik, aus der Sauerstoff strömt.
> Wenn man genau hinschaut, sieht man, dass
> die riesige Nadel unter dem Verband an seinem
> Hals noch weiter in seinen Brustkorb ragt.
> Die dicke Kanüle, die daran angeschlossen ist, hat vier
> kleine Verschlüsse. An einem hängt ein Schlauch, der zu
> einem durchsichtigen Sack an einer Stange führt. Jede
> Sekunde ein dicker Tropfen. Sein Kopf ist verbunden.
> Nur oben schauen seine dicken blonden Haare heraus.

» Manou

Wie sieht es dort drunter aus? Ob sie seinen Schädel rasiert haben? Wie öffnet man den Schädel eines Menschen? Knochen kann man nicht schneiden! Haben sie eine Säge benutzt? Gibt es Bohrmaschinen für menschliche Knochen? Seine Handgelenke und seine Fußgelenke sind verbunden. Aus den Verbänden kommen auch Schläuche mit farbigen Kanülen. An den Kanülen wieder Schläuche, durch die irgendetwas in seinen ruhenden Körper tropft.
Sein Hals ist orange gefärbt von diesem Zeug zur Desinfektion.
Um ihn herum sechs Monitore, die zeigen, dass er lebt.
Sein Körper steckt in einem weißen Flügelhemd. Ich wollte das nie sehen. Das ist nix für Feiglinge. Das weiß ich jetzt.
Nun bin ich hier. Hier bei ihm.

» Manou

Ich sitze auf einem kleinen harten Stuhl.
Das Bett hat an den Seiten breite Gitter aus Plastik.
Der junge Pfleger hat Jens' Bett etwas runtergefahren.
Dort, wo ich sitze, ist das Seitenteil abgesenkt, sodass ich seine Hand halten kann. Seine Augen sind immer noch geschlossen.
Ich glaube aber, er hält meine Hand – ein bisschen vielleicht.
Ganz schwach. Ich weiß nicht, ob er weiß, dass es meine Hand ist.

» Manou

Es ist warm hier.
Neben ihm, hinter einem Sichtschutz, liegt eine alte Dame.
Auch ihr Kopf ist verbunden. Es piept ununterbrochen. Die alte Dame röchelt. Bäumt sich manchmal auf. Immer wieder kommen Pfleger und machen etwas mit ihr. Ich kann und will nicht sehen, was es ist.

> » **Manou**
>
> Jens liegt ganz still. Atmet leise durch die Maske.
> Seine Augen immer noch zu. Sie wirken geschwollen.
> Sein ganzes Gesicht wirkt geschwollen.
> Soll ich mit ihm reden? Soll ich schweigen? Was soll ich sagen?
> Dass es mir leidtut: meine Vorwürfe,
> wenn er sich von mir abgewendet hat!
> Dass ich eigentlich immer gespürt habe,
> dass etwas nicht stimmt. Dass ich immer geahnt habe,
> dass es etwas anderes ist.

> » **Manou**
>
> Jens! Warum hast du mir die Wahrheit nie gesagt?
> Nie gesprochen von dem Ding in deinem Kopf? Was wusstest du?
> Was? Wie lange schon? Warum hast du mir das alles nicht anvertraut?
> Die Fragen in meinem Kopf kommen mir nicht über die Lippen.
> Ich war so dumm. Ich war so ahnungslos. Ich war so blind.
> Ich hätte es wissen müssen. Besser wissen müssen.

> » **Manou**
>
> Jedes Mal, wenn du dich abgewandt hast von mir, war ich ein Egoist.
> Hatte nur mich selbst im Kopf. War blind für die Wahrheit.
> Ich gab dir keine Chance, sie zu sagen.
> Es tut mir so leid. Ich war ein Idiot.

> » **Manou**
>
> Wo bist du, Marie-Lin?
> Warum schreibst du nicht zurück?

> » **Manou**
>
> Sie schicken mich jetzt raus.
> Melde mich später.

» **Marie-Lin**
Ich konnte nicht schreiben. Mein Handy war die ganze Zeit aus.
Ich habe gespielt.

» **Marie-Lin**
Ich hasse es eigentlich, wenn ich angestarrt werde.
Also ich meine, in der Schule. Auf dem Schulhof oder so. Ich mag
es nicht, wenn ich im Mittelpunkt stehe. Du weißt, was ich meine.
Aber wenn ich spiele, dann ist das etwas ganz anderes.
Dann bin ich irgendwie eine andere. Dann liebe ich es, wenn alle
Augen auf mich gerichtet sind. Es ist, als würde ich schweben.
Wie ein Rausch. Ein Flug.
Zum ersten Mal habe ich gespielt, ohne dass meine Mutter
bei mir war. Ich betrat die Bühne und sah den leeren Stuhl,
der eigentlich ihrer war.
Erst dachte ich: Nein! Das geht nicht! Ich kann nicht ohne sie spielen.
Ihre Abwesenheit wird mich lähmen, dachte ich.
Bis ein kleines Mädchen in die erste Reihe lief und fragte, ob sie dort
sitzen darf. Niemand verbot es dem Mädchen, und das war gut so.

» **Manou**
Das klingt gut. Du hast dich von ihr befreit. Na endlich.

» **Marie-Lin**
Ja. Es ist ok. Mir geht es gut.
Was gibt's bei dir & Jens Neues?

» **Manou**
Sie haben mich irgendwann von der Station geschickt.
Jens hat einmal kurz die Augen geöffnet und mich angesehen.
Seine Augen sahen so irre traurig aus. Verzweifelt. Ängstlich.

Ich habe seine Hand genommen.
Nur ganz vorsichtig, wegen der fiesen Kanülen.
Er hat sie dann ganz schwach gedrückt.

» Marie-Lin
Alles wird gut. Glaub mir. Ich spüre es.

» Manou
Ich habe noch nie solche Angst um einen Menschen gehabt.
Es tut so irre weh. Ich kann dir gar nicht sagen, wie sich das anfühlt.
Ich war noch nie so hilflos. LOST! TOTALLY LOST!

» Marie-Lin
Aber du bist nicht lost. Du bist bei ihm,
und er weiß und spürt das.

» Manou
Dann haben sie ihm Morphium gespritzt, gegen die Schmerzen.

» Marie-Lin
Hat er mit dir gesprochen? Hat er etwas gesagt?

» Manou
Nein! Kein Wort!

» Manou
Ich habe Angst.

» Marie-Lin
Du brauchst keine Angst mehr zu haben. Das
Schlimmste ist überstanden. Weißt du, Ben sagt
immer: „Nur in Gefahr ist man in Sicherheit!"

> **» Manou**
> Hoffentlich! Wann kommst du zurück?

> **» Marie-Lin**
> Übermorgen! Ich spiele hier noch 2 Konzerte.

> **» Manou**
> Ich vermisse dich!

> **» Marie-Lin**
> LIEBE! ♥

> **» Manou**
> LIEBE! ♥

> **» Marie-Lin**
> Was ist eigentlich mit deinen Eltern?
> Wissen sie, wo du bist? Wo schläfst du heute Nacht?

> **» Manou**
> Ich schlafe zu Hause. Meine Eltern wissen Bescheid.
> Erst haben sie getobt am Telefon.
> Aber dann haben sie doch eingesehen, dass ich jetzt gerade
> bei Jens sein muss und auch nicht in der Stimmung bin,
> eine Party zu schmeißen.

> **» Marie-Lin**
> Deine Eltern sind manchmal echt cool!

» **Manou**
Aber in 3 Tagen habe ich einen Rückflug nach Nizza, sonst gibt's richtig Ärger.

» **Marie-Lin**
In 3 Tagen? Und Jens?

» **Manou**
Er muss noch einen Tag auf der Intensivstation bleiben.
Dann wollen sie ihn verlegen. Ich fliege erst zurück, wenn ich richtig mit ihm geredet habe. Meine Mutter kann mich nicht zwingen.

» **Marie-Lin**
Ich bin sicher, alles wird gut.

» **Manou**
Frage: Hast du auch manchmal Gedanken, die du keinem sagst?

» **Marie-Lin**
Klar!

» **Manou**
Echt? Auch mir nicht?

» **Marie-Lin**
Auch dir nicht! Es gibt Gedanken, die kann man niemandem sagen.

» **Manou**
Ich wusste das bis jetzt nicht.

> **» Marie-Lin**
> Wie meinst du das?

> **» Manou**
> Bis das mit Jens passiert ist.
> Weißt du, es sind so Gedanken,
> für die ich mich fast schäme.

> **» Marie-Lin**
> Hääää?

> **» Manou**
> Ich habe mich zum Beispiel gefragt: Was wäre schlimmer für mich,
> wenn meine Mutter stirbt oder wenn Jens stirbt?
> Oder: Würde ich alles opfern, was ich habe, um Jens zu retten.
> Verstehst du?

> **» Marie-Lin**
> Klar verstehe ich das.
> Aber dafür brauchst du dich nicht zu schämen.
> Ich glaube, jeder hatte schon einmal Gedanken,
> die auch eine traurige Seite haben. Gedanken sind
> vielleicht sogar dafür da, um uns selber in den Arsch zu treten.

> **» Manou**
> Sag mir einen Gedanken von dir.

> **» Marie-Lin**
> Nein! Vergiss es!

» Manou
Sie haben ihn verlegt.
Er ist auf einer normalen Station.

» Marie-Lin
Bist du bei ihm?
Wie geht es ihm?

» Manou
Nein. Ich bin zu Hause.
Aber Jens hat mir geschrieben.
Ich schick's dir.

» Manou
Ich bin so glücklich!

Jens: Meine Gesundheit geht nur mich etwas an – dachte ich! Immer wenn mir plötzlich schwindelig wurde, habe ich mich abgewendet. Ich hatte Anfälle von einer Sekunde zur nächsten. Alles drehte sich, mir war speiübel. Man glaubt, man wird ohnmächtig. Aber dann ist es auf einmal wieder ok. Der Schwindel ist weg, aber die Angst bleibt. Du kannst deinem Körper nicht mehr vertrauen. Was hat er? Was tut er? Warum?

Manou: Jens, es tut mir so leid.

Jens: Glaub mir, Manou, ich wollte es dir sagen. Aber ich konnte nicht. Ich hatte Angst, darüber zu sprechen. Vielleicht hätte es das zu real gemacht. Ich dachte immer,

es geht sicher vorbei. Es ist nur eine Phase. Ich war mit meiner Mutter beim Kinderarzt und beim Kardiologen, sie haben nichts entdeckt.
Glaub mir, nie habe ich mich in diesen Momenten von DIR abgewandt. Nie. Niemals. Es war die Krankheit!

Manou: Jens! Warum? Warum hast du mir nicht vertraut? Es tut mir so unendlich leid, dass ich dir nicht geholfen habe in diesen Momenten.

Jens: Du kannst nichts dafür. Es war nicht deine Schuld.

Manou: Ich hätte es aber merken müssen. Ich war ein Idiot. Es tut mir so sehr leid.

Jens: Du bist kein Idiot.

Manou: Soll ich kommen?

Jens: Wäre nicht schlecht. Mein Leben ist gerade ziemlich „betrinkenswert".

Jens: Ich vermisse dich, Manou!

» **Marie-Lin**
Gehst du zu ihm? Du musst. Sofort!

» **Manou**
Klar! Sitze schon auf dem Rad.

> **» Marie-Lin**
> Du schreibst aber nicht auf dem Rad, oder?

> **» Manou**
> Nein! Niemals! Ich habe für dich einen Parkplatz gesucht und mich hingesetzt! (Witz)
> Weil ich zurzeit total ruhig & entspannt bin. (Scherz!)

> **» Marie-Lin**
> Ok! Ok! Gib Gas! Und grüße Jens von mir.
> Aber hör auf, auf dem Fahrrad zu schreiben!

> **» Manou**
> Mache ich.

> **» Marie-Lin**
> LIEBE! ♥

> **» Manou**
> LIEBE! ♥

★ ★ ★

> **» Marie-Lin**
> Hey, wie sieht's aus?

> **» Marie-Lin**
> Wie war es bei Jens?
> Was hat er gesagt?
> Wie sieht er aus?

> » **Marie-Lin**
> Mann, weißt du, wie scheiße das ist????
> Melde dich endlich!
> Ich bin morgen zurück aus Hasselburg.
> Noch ein Konzert.

> » **Marie-Lin**
> Du hast meine Nachricht doch gelesen.
> Warum antwortest du nicht?

> » **Marie-Lin**
> Stell dir vor: Sie stellen mir einen kleinen Steinway-M-Flügel
> zur Verfügung. Ich bekomme einen eigenen Flügel!
> Es gibt hier eine Stiftung. Sie haben meine Konzerte
> gehört und mich ausgewählt.
> Ich bin so was von glücklich!

> » **Marie-Lin**
> Bitte. Bitte schreib mir, wenn du das liest!

> » **Marie-Lin**
> Sorry. Voll unsensibel von mir von wegen des Flügels und so …
> Jens ist viel wichtiger. Sorry. Umarme dich in Gedanken!

> » **Marie-Lin**
> Ich bin im Bus zurück aus Schleswig-Holstein. Todmüde!
> Haben gestern noch ein Abschiedsfest gefeiert. Das ganze Ensemble.
> Weißt du, die Musik ist einfach irre, was sie mit einem macht.

» Marie-Lin
Wo bist du? Was ist mit Jens?

» Marie-Lin
Ich fliege morgen mit meinem Vater nach Mallorca.
Wir müssen uns sehen. Heute!

» Marie-Lin
Bitte!

» Marie-Lin
Ich komme ins Krankenhaus!
Oder zu dir!

» Manou
NEIN!

» Marie-Lin
Wie? Nein?

» Manou
Bitte komm nicht ins Krankenhaus!

» Marie-Lin
Warum nicht?

» Manou
Weil ich es nicht will.

» Marie-Lin
Warum nicht??

» Manou
Jens ist noch total schwach.
Er hängt noch immer am Tropf.
Er will nicht, dass man ihn so sieht.
Daniel wollte auch kommen.
Und zwei seiner Fußi-Kumpel.
Seine Mutter hat alle weggeschickt.

» Marie-Lin
Und du?

» Manou
Ich warte hier, bis sie weg ist.
Jens schickt mir eine WhatsApp, und dann geh ich zu ihm.

» Marie-Lin
Ok.

» Marie-Lin
Grüß ihn von mir.

» Marie-Lin
Wie geht es dir?

» Manou
Ich weiß es nicht.
Ich weiß nur, dass ich mich hier nicht abschütteln lasse.
Nicht abstoßen lasse wie ein fremdes Organ.
Ich bleibe bei Jens.

» Marie-Lin
Das verstehe ich.

» Marie-Lin
Sollen wir uns später bei dir treffen?

» Manou
Ja. Vielleicht!

★ ★ ★

» Marie-Lin
Schade, dass es gestern nicht mehr geklappt hat. Ich hätte dich noch so gerne in den Arm genommen!

» Manou
Sorry. Bin bei Jens auf dem Stuhl eingepennt.

» Manou
Wo bist du jetzt?

» Marie-Lin
Schon am Flughafen.

» Manou
Ach Mist, tut mir leid!

» Marie-Lin
Passt schon, ich kann verstehen, dass du k.o. bist!

» Marie-Lin
Sie haben sich getrennt!

» Manou
Wer?

» Marie-Lin
Meine Eltern. Mein Vater hat's mir gestern Abend gesagt.
Meine Eltern haben sich getrennt. Es ist endgültig.

» Manou
Oh nein!

» Marie-Lin
Oh doch!

» Marie-Lin
Ich kann mir aussuchen, bei wem ich leben möchte.
Meine Mutter geht wahrscheinlich nach New York. Ihre Eltern
leben zwar beide nicht mehr, aber sie will trotzdem dorthin zurück.
Sie hat sich in Hamburg nie richtig wohlgefühlt. Hamburg ist
schön, wenn man Hamburg mag. Aber wenn man Hamburg nicht
mag, dann mag einen Hamburg auch nicht.

» Manou
Seit wann können Städte einen mögen?

» Marie-Lin
Doch, es ist so. Glaub mir!

» Manou
Aber du gehst nicht nach New York! Niemals! Hörst du?
New York wird dich nicht mögen. Sicher nicht!

» Marie-Lin
Mich mag Hamburg!
Ich bleibe bei meinem Vater.

» Manou
Und bei MIR!

» Marie-Lin
Na klar! Bei DIR!!!!!!

» Manou
Lassen sie sich scheiden?

» Marie-Lin
Ich glaube, ja.

» Manou
Oh! Wie wird das sein?

» Marie-Lin
Besser! Auf jeden Fall besser.
Meine Mutter war echt unglücklich zuletzt.

» Marie-Lin
Familie – ich hab's immer als so selbstverständlich genommen.
Sie war eben da. Es sieht so einfach aus.

Aber es scheint beschissen schwer. Ich liebe meine Mutter,
aber ich habe es ihr noch nie so richtig gesagt.
Aber jetzt – wo ich weiß, sie wird gehen – vermisse ich sie.

» Marie-Lin
Ich weiß, meine Mutter hat so sehr gekämpft.
Sie ist gerannt und gerannt, bis ihre Batterien leer waren.

» Manou
Glaubst du, es lohnt sich noch zu heiraten?

» Marie-Lin
Ich glaube schon! Deine Eltern sind doch glücklich. Oder?

» Manou
Ja! Glaube schon! Sie sind eben alt.
Lohnt sich vielleicht jetzt auch nicht mehr, sich zu trennen …

» Marie-Lin
Ich find's aber ok, dass meine Eltern sich trennen.
Es war beschissen zuletzt. Beide waren unglücklich.
Und ich will nicht untergehen in diesem Strudel.
Und ich will kein Hin und Her. Eine Woche bei ihr.
Eine Woche bei ihm. Also ist die Sache mit New York auch ok.
Ich kann sie in den Ferien besuchen.

» Manou
Ich könnte das nicht. Ohne meine Mutter!
Nicht vorstellbar.

> **» Marie-Lin**
> Bei euch ist es was anderes. Sie ist dir viel näher. Du erzählst ihr Sachen, die ich meiner Mutter niemals erzählt hätte.

> **» Manou**
> Was zum Beispiel?

> **» Marie-Lin**
> Von Jens zum Beispiel! Du hast so oft mit ihr über ihn gesprochen.

> **» Manou**
> Ja. Ein bisschen.

> **» Marie-Lin**
> Deine Mutter hätte zum Beispiel niemals dein Handy geklaut und deine Nachrichten gelesen. Meine Mutter hat meinen ganzen Chat mit Patrick gelesen. Das ist doch echt so was von daneben.

> **» Manou**
> Alle Mütter sind neugierig!

> **» Marie-Lin**
> Und alle Väter labern, glaube ich, das gleiche in so einer Situation:
> „… es wird sich zwischen uns beiden nichts ändern, Marie-Lin!"
> „… auch wenn du es nicht verstehst, es ist besser so!"
> „… wir haben uns auseinandergelebt! Es hat nichts mit dir zu tun!"
> „… wir werden weiter beide für dich da sein!"

> **» Marie-Lin**
> Immer der gleiche Quatsch! Natürlich wird sich was ändern! Natürlich werden sie nicht mehr so für mich da sein können. Wie denn? Sie lebt dann in New York! Und er ist auf Dienstreise.

Ich warte dann auf den beschissenen Tag, an dem er mir sagen wird: „Hey Marie-Lin, sie ist total nett, möchtest du sie nicht mal kennenlernen?" Und so eine Tussi in High Heels, die meine ältere Schwester sein könnte, steht vor mir.

» **Manou**
Mann, hör auf. Eben hast du noch geschrieben, du findest es ok, dass sie sich trennen! Und wenn du einsam bist, kommst du zu mir.

» **Marie-Lin**
Ja! Was soll's? Aus und vorbei! Reset! Neustart!
Ich bin trotzdem traurig darüber.
Ich bin mir auch sicher, dass ich ihr Leben niemals leben möchte!

» **Manou**
Du hast mich! Mich wirst du niemals los!
Nichts kann uns trennen. Verstanden?

» **Marie-Lin**
Verstanden! Versprochen?

» **Manou**
Versprochen!

» **Marie-Lin**
LIEBE! ❤

» **Manou**
LIEBE! ❤

> » **Manou**
> Ich habe es geschafft! Ich darf bleiben.
> Sie haben den Flug nach Nizza storniert.

> » **Manou**
> Es geht ihm schon viel besser. Er hat irre Kopfschmerzen.
> Aber sie spritzen auch kein Morphium mehr.
> Er bekommt jetzt Tabletten.
> Jens ist so wahnsinnig tapfer. 👍 💊

> » **Marie-Lin**
> Ich habe es dir doch gesagt: Alles wird gut!
> Jens packt das!

> » **Manou**
> Im Moment schläft er.
> Ich halte seine Hand dabei.

> » **Marie-Lin**
> Liebst du ihn?

> » **Manou**
> Er hat mich gebeten
> hierzubleiben, bis er schläft.

> » **Marie-Lin**
> Liebst du ihn?

> » **Manou**
> Versteh doch!
> Er hat Angst, allein zu sein.

» **Manou**
„Wenn du da bist, lass ich los.
Wenn du da bist, hört meine Seele auf zu rennen …
Bitte bleib!", hat er mir gesagt.

» **Marie-Lin**
Ey! Liebst du ihn?

» **Manou**
Ja! Ja, ich liebe ihn. So sehr, dass es wehtut.
Dass sein Schmerz auch irgendwie mein Schmerz ist.

» **Manou**
Sie haben seinen Verband heute abgemacht.
Ich kann die Narbe an seinem Kopf sehen.
Von der Schläfe bis weit hinter das Ohr.
So lang wie ein Geodreieck ungefähr. Rot.
Sie haben seine schönen, dicken Haare abrasiert.
An seinem Hals noch dieses Orange vom Desinfektionsmittel.

» **Marie-Lin**
😣

» **Manou**
Ja, ich liebe ihn! Das weiß ich jetzt!

» **Marie-Lin**
Glaubst du, es gibt „verdientes" Glück?

» **Manou**
Was soll das sein????

> **» Marie-Lin**
> Na, ich meine, ob das Leben gerecht ist?

> **» Manou**
> Nein! Ist es nicht! 😞

> **» Marie-Lin**
> Woher weißt du das?

> **» Manou**
> Weil ich hier neben dem tollsten Jungen der Welt sitze und er eine fette Narbe an seinem Kopf hat.
> Weil er hätte sterben können.
> Weil es hier nicht nach Glück und Gerechtigkeit riecht, sondern nach Angst und Tod!

> **» Marie-Lin**
> Ist Jens aber nicht der Beweis?

> **» Manou**
> Wofür?

> **» Marie-Lin**
> Dass es Glück gibt! Er hatte irres Glück!
> Er hat etwas überstanden,
> was wahnsinnig gefährlich war!

> **» Manou**
> Ok!

» Manou
Aber verdientes Glück?
Hat nicht jeder Mensch Glück verdient?

» Marie-Lin
Ja! Ich glaube schon!
Verdient hat es jeder!

» Manou
Vielleicht sollte das alles hier passieren,
damit wir nicht so blöd durchs Leben spazieren!

» Marie-Lin
Ben sagt immer:
„Schwere Stunden sind Training für die Seele!"

» Manou
Puh! Dann waren die letzten Tage
für meine Seele ein Mega-Fitnesscamp!

» Manou
Manchmal dauert es nur einen Tag, manchmal einen Monat, manchmal Jahre, aber Menschen, die zusammengehören, werden immer zueinanderfinden.

» Marie-Lin
Ja, so ist es!

» Marie-Lin
Ich wusste am ersten Tag, als ich dich im Kindergarten gesehen habe, dass es schwer wird, dich nervlich auszuhalten!
Aber ich wusste auch: Wir gehören zusammen! Es lohnt sich!

» Manou
Komm, ich hab's dir schon mal gesagt:
Jeder braucht einen Menschen, den er hemmungslos auf WhatsApp zutexten kann!

» Marie-Lin
Bitch!

» Manou
Selber Bitch!

» Marie-Lin
Weißt du, welchen Gedanken ich noch nie jemandem erzählt habe?

» Manou
Welchen?

» Marie-Lin
Dass ich dich viel mehr liebe als alles andere auf der Welt!

» Manou
Ich dich (Jens ausgenommen) auch!

» Manou
LIEBE forever! ♥♥

Mrie-Lin:
LIEBE forever! ♥♥

Zwei beste Freundinnen chatten über ihre Sorgen, die Liebe und ihre größten Wünsche!

Bärbel Körzdörfer
MÄDCHEN AUF
WHATSAPP 2 - IMMER
ONLINE

288 Seiten
ISBN 978-3-8466-0178-5

Marie-Lin und Manou sind immer noch die besten Freundinnen - und texten sich Tag und Nacht. Die 16-jährige Manou ist schon seit ein paar Wochen mit Jens zusammen, aber auch wenn die beiden total verliebt sind, gibt es immer wieder kleine und auch große Dramen. Und dann kann nur Marie-Lin helfen. Die ist überzeugter Single, denn sie hat ihr Herz bereits verschenkt: die eine Hälfte gehört Mozart, die andere Ed Sheeran. Da kann kein Typ der Welt mithalten. Außerdem hat sie Manou, mit der sie über alles reden kann: über ihre Zweifel und Ängste, über ihre Eltern und andere Katastrophen. Dafür sind beste Freundinnen schließlich da!

Sommerglück und erste Liebe

Michaela Thewes
MEIN SOMMER VOLLER
FLIPS UND FLOPS

320 Seiten
ISBN 978-3-8466-0170-9

Kennst du dieses Megakribbeln, wenn man zum ersten Mal so richtig verliebt ist? Der absolute Wahnsinn – genau wie Luke! Wenn ich ihn nur ansehe, bekomme ich schon totales Herzflattern. Bloß doof, dass ich für ihn überhaupt nicht existiere. Aber dann bietet mir ausgerechnet Queen Chiara an, mich mit ihm zu verkuppeln. Sie ist nicht nur Lukes Schwester, sondern auch noch das angesagteste Mädchen unserer Stufe! Als Gegenleistung soll ich ihr helfen, bei meinem besten Freund Noah zu landen. Der perfekte Liebesdeal also. Und anfangs läuft es wirklich super. Doch dann geht auf einmal alles schief, weil mein blödes Herz sich einfach nicht mehr an den Plan hält ...

Herzkribbeln im Gepäck!

Mara Andeck
WENN DAS LEBEN DICH
NERVT, STREU
GLITZER DRAUF

ISBN 978-3-8466-0179-2

Tess ist genervt: Gerade hat sie noch von den perfekten Sommerferien mit Sonne, Stränden und Jungs geträumt, da machen ihre Eltern ihr einen Strich durch die Rechnung: Sie wollen umziehen – und ab sofort mit Opa, Cousin, Onkel und Tante sowie deren vier Nervensägen einen auf Großfamilie machen. Da ist Chaos vorprogrammiert. Tess ist schon dabei, sich auf unschlagbar öde Ferien einzustellen, da bahnt sich plötzlich eine süße Überraschung aus dem Norden an. Vielleicht steht Tess ja doch noch ein glitzernder Sommer bevor …

Leicht, witzig, und zum Schmachten schön

Du willst immer auf dem neuesten Stand bleiben?

Dann folge  auf Instagram

@one_verlag
#oneverlag

AUF DICH WARTEN:

- Live-Events und Q&As mit unseren Autor:innen
- News zu unseren Büchern
- Tolle Gewinnspiele
- Und vieles mehr!